A AC HY DROGRAPHICA TABULA
QUATUOR ANNI TEM PESTATES
MARE GLACIALE
NOVA ZEMLA
Mare Pitzorke
MARE MEDITER RANEUM
Mare Arabicum
OCEANUS
ÆTHIOPI CUS
MAR DI INDIA
OCEANUS CHINEN
ÆS TAS
AUTUM NUS
HYEMS
MAGALLANICA
MERIDIES
TERRA AUSTRALIS INCOGNITA
Psittacorum regio
NI CA
Gulj. Blaeuw.
Jo. vanden Ende sculpsit.

Deutschland

Robert Neumann

deine Österreicher

Österreich deine Deutschen

Mit Illustrationen von Lindi

Hoffmann und Campe Verlag

»Die Österreichische Seele« wurde aus »Egon Friedell Briefe«, Georg Brachner Verlag, Wien, der Text von Merz/Qualtinger aus »Der Herr Karl«, Verlag Langen · Müller, München, und »Die Nibelungen-Kriminalität« aus Ernst von Pidde »Der Ring der Nibelungen im Lichte des deutschen Strafrechts«, Verlag Bärmeier und Nikel, Frankfurt, mit freundlicher Genehmigung entnommen.

1. bis 20. Tausend 1970

Schutzumschlag und Einband Alberto Lindi
Gesetzt aus der Korpus Garamond-Antiqua
Gesamtherstellung Kleins Druck- und Verlagsanstalt, Lengerich
ISBN 3 455 05600 8. Printed in Germany

»Über Österreich zu schreiben ist schwer. Was wird das Ausland dazu sagen?«

HANS SASSMANN an EGON FRIEDELL

Ich bin ein Wiener - genauer: ich war ein Wiener, ich lebe anderswo. Als ich unlängst wieder einmal nach langer Pause meine Heimatstadt besuchen wollte, redete ich mit jemandem, der dort ein hoher staatlicher Funktionär ist. Wir sprachen über ganz anderes, aber plötzlich, aus dem Blauen, sagte er mit Wärme: »In Ihrem Alter gehört sichs, daß Sie eine Auszeichnung kriegen oder so was, wenn Sie schon einmal in Wien sind. Ich möcht Sie gern eingeben! Aber da braucht man eine Grundlage. Haben S' denn nie gelegentlich vielleicht doch einmal auch was Freundliches über Österreich gschrieben?«
Ich war ergriffen. »Gelegentlich vielleicht doch einmal auch was Freundliches« - auch das gehört sich in meinem Alter. So entstand dieses Buch.
Wofür er mich »eingeben« wollte (er tat es natürlich nicht) - das war die tax- und gebührenfreie Verleihung des Titels eines Professors honoris causa. Man unterscheidet in Österreich mindere Titel, die bloß mit dem Beruf des Betreffenden verbunden sind (also etwa »Herr Direktor« für einen Buchhalter, »Herr Magistratsobersekretär« für einen provisorischen Magistratsuntersekretärsaspiranten) -, und höhere Titel, das sind die ohne solide Grundlagen solcher Art. Ich erinnere mich noch jenes fernen Tages, da zum erstenmal ein Gedicht von mir in einer österreichischen Provinzzeitung gedruckt stand. »Guten Tag, Meister«, begrüßte mich daraufhin jemand im Kaffeehaus. »Nennen Sie mich nicht Mei-

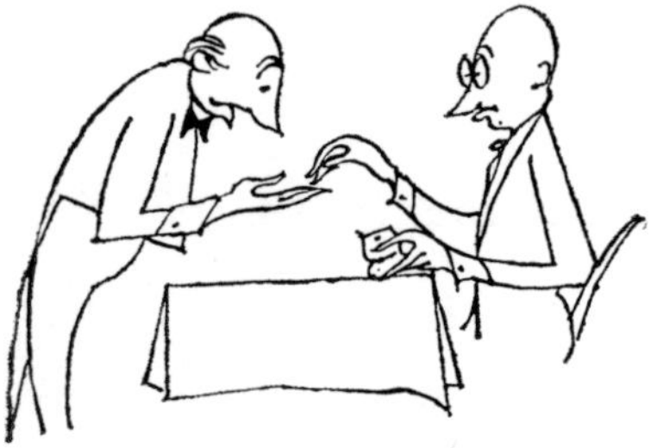

Danke, Herr Doktor

Verbindlichsten Dank, Herr Baron

Sö - und 's Trinkgeld?

ster«, sagte ich in landeswidriger Herbheit. (Damals war ich noch herb!) Er verteidigte sich in hohem Zorn. »Doktor«, sagte er, »Doktor sind Sie nicht, Beruf haben Sie keinen, also kann ich Sie doch nur Meister nennen, Sie Trottel.«
Er hatte natürlich unrecht. Auf Grund jenes Gedichtes kam mir der Titel Doktor zu - ganz abgesehen davon, daß ich damals schon Brillenträger gewesen bin. »Doktor« ist der österreichische Titel-Anspruch eines Brillenträgers ohne Beruf. Brillenträger sind in Österreich überaus häufig, wegen des endemisch grassierenden Langstrecken-Zeitunglesens im Kaffeehaus bei schlechtem Licht. Addierte man zu dieser Legion der Doktoren noch jene paar, die sich vordringlicher- und ein wenig taktloserweise bloß auf Grund akademischen Studiums, also durch die Hintertür sozusagen, in die Gemeinschaft der legitimen Brillenträger-Doktoren drängelten, so kam man zu einer Ziffer, die unhörbar zum Himmel schrie. Man mußte Doktoren unter den Doktoren schaffen, erkannte man. So wurde der Professor geboren. Jeder meiner brillentragenden Wiener Bekannten ist heute Professor, wenn er schon über vierzig ist. Und nur meine nun schon seit langen Jahrzehnten geübte Entschlossenheit, nie älter zu sein als neununddreißig elf Zwölftel, hat mir die neumodischen Titel bis zu diesem Tag erspart. Ich bin zwar konservativ, doch jung. Doktor h. c. - das genügt mir und dabei bleibe ich.

Womit ich den Lesern auch schon das Hauptproblem vor Augen geführt habe, dem sich der Mann gegenübersieht, der etwas über Österreich schreiben will. Wie immer er es anstellen wird - er kommt vom Tausendsten in die Million. »A. E. I. O. U.« heißt, wie der gymnasial Gebildete weiß, der magische Spruch über Österreich. »Austria erit in orbe ultima.« Ungenau übersetzt: »Österreich ist weit und breit das Letzte.«

Aber bleiben wir ernst.

Bleiben wir ernst - sehen wir uns zunächst einmal die Geschichte dieses problematischen Landes an. Den ungezählten Auseinandersetzungen zwischen Österreichern und ihren Nachbarn liegt in jedem Fall eine klargekelterte Haßliebe besonderer Fechsung und besonderen Bouquets zugrunde - ein faszinierendes Thema, es wird aus gegebenen Anlässen noch genauer zu untersuchen sein. Am besondersten: die Haßliebe gegenüber den »Preußen«, die aus unerforschlichen Gründen mit Vorliebe »die Piefkes« genannt werden - eine sogar nach österreichischen Maßstäben unstatthafte Verallgemeinerung.
Wie eine - 1937 nach dem Berliner Telefonbuch vorgenommene - Zählung des britischen Geheimdienstes ergab, waren es zu jenem Stichtag in Hitlers Reichshauptstadt im ganzen siebzehn. »Und«, fragten mich die Herren, die mich damals in Oxford zu Beratungszwecken zu sich gebeten hatten, »welcher von den siebzehn kann mit dem uns gemeldeten Ausruf eines österreichischen Legationsrates gemeint sein: ›Da steckt Berlin dahinter, da ist wieder einmal der Piefke schuld‹? Welchen Piefke meinte er Ihrer Ansicht nach, Mr. Neumann? Wir sehen hier im Telefonbuch ein Blumengeschäft dieses Namens, vier Damen ohne Beruf, mehrere Gewerbetreibende - den Schlachtermeister kann er wohl auch nicht gemeint haben, oder? Bleibt eine Damenwäscheerzeugung, ein Zollbeamter, Wilhelm W. Piefke, Berlin-Zehlendorf, und ein Friseur. Glauben Sie,

daß vielleicht dieser Zollbeamte - ? Aber er hat offenbar nicht einmal einen besondern Rang, warum könnte also ein in London akkreditierter österreichischer Diplomat - ?«

Meine Erklärung, Piefke sei ein Gattungsbegriff, erfüllte die Herren mit hohem Mißtrauen. Wußte ich also etwas und versuchte sie durch plumpe Fehlinformationen irrezuführen? Sie konsultierten mich nie wieder. Als der Krieg ausbrach, wurde ich interniert.

Ich weiß es, ich irre ab. Um endlich auf die Geschichte Österreichs zu kommen: Ein Österreicher zu einem Piefke: »Aber so hohe Berg wie wir habts ihr nicht bei euch zu Haus.« Darauf der Piefke: »Nee, aber wenn wir se hätten, wärn se höher.« Die Gegengeschichte, der zufolge ein Wiener auf die Behauptung eines Piefke, so was Antikes wie die Ruine der ollen Kaiserwillemgedächtniskirche hätten die nich in Wien, geantwortet haben soll: »Naa, aber bei uns wären die Ruinen noch ruinierter« - diese Gegengeschichte ist nicht verbürgt. In Wirklichkeit war die Antwort des Wieners wahrscheinlich das einzige klassische Zitat, das er kannte.

Daß der Wiener sich bei dieser Gelegenheit nicht auf weitaus ältere österreichische Kunstdenkmale berief, wie etwa auf die »Venus von Willendorf«, eine vermutlich im fünfzehnten Jahrtausend (jawohl, Jahrtausend) vor Christo in matriarchalischer Periode geschaffene Statuette, ist nicht etwa auf die, wenn auch ausschließlich in Österreich verbreitete, Sage vom österreichischen Brauchtum des Sein-Licht-unter-den-Scheffel-Stellens zurückzuführen, sondern darauf, daß er vermutlich von dieser »Venus von Willendorf« nichts wußte. Man kann sie jederzeit besichtigen, sie ist aber echt.

(Richtigstellung eines Lesers aus Österreich: »Stimmt natürlich schon wieder nicht. Sie *ist* echt - aber die echte ist nicht zu besichtigen, sie ist in einem Tresor in Wien. Wo in Wien, das wird wegen der dortselbst grassierenden Kriminalität sicherheitshalber nicht gesagt, es ist das einzige österreichische Staatsgeheimnis,

das noch kein ausländischer Spionagedienst gekauft hat - kann aber natürlich auch sein, der Geheimnisträger ist inzwischen gestorben. Jedenfalls: die an Ort und Stelle tatsächlich zu besichtigende ›Venus von Willendorf‹ ist nicht die echte, sondern die Kopie einer Kopie, wegen der Kriminalität.«)
Echt sind ferner gewisse Ausgrabungen aus der sogenannten Hallstatt-Periode sowie römische Relikte aus der Zeit, als Wien »Vindobona« hieß. Sie wurden damals, in Form von Ruinen eines angeblichen Kastells mit Namen Carnuntum, von römischen Legionären etwa vier Ausflugsstunden östlich von Vindobona angelegt, um das dort besonders reizlose Flachland gegen die ungarische Grenze hin wenigstens dem in Österreich stets hochgehaltenen Fremdenverkehr in Form zwangsweiser Besichtigungsausflüge seitens spät nachfolgender Wiener Schulklassen zu erschließen.
(Auch in den Luxus-Antiquitätengeschäften der Wiener Kärntnerstraße sind manche Gegenstände mitunter echt, und unter »Zuagrasten« - dies die österreichische Bezeichnung für im Zug des Fremdenverkehrs angelieferte Ausländer - ist es ein beliebtes Gesellschaftsspiel, zu erraten, welcher wohl dieser eine echte Gegenstand in einem solchen Geschäfte sein mag. Daß bei richtigem Raten das betreffende Objekt dem glücklichen Gewinner gratis verabreicht werde, ist eine Verleumdung. Laut Auskunft des Verbandes Österreichischer Antiquare ist bei den ihm angeschlossenen Firmen nichts gratis, außer dem Tod durch freudigen Schreck über die dort geforderten Minimalpreise, und der koste das Leben, samt fünfzehn Prozent Warenumsatzsteuer, fünfundvierzig Prozent Mehrwertsteuer für den Eintausch eines besseren Jenseits, sowie Trinkgeldern für alle Beteiligten.)

Kurzum, die wirkliche österreichische Geschichte beginnt, allen noch älteren Antiquitäten zum Trotz, so richtig erst nach der Völkerwanderung, im 9. Jahrhundert - genauer: als Karl der Große im Jahr 803 eine Ostmark gründete. Es war

»Was ist echt?« Ein beliebtes Gesellschaftsspiel

das Gebiet zwischen Donau, Enns, Waag, Raab, Drau, und wichtig wurde diese Intervention dadurch, daß der große Karl in die bisher idyllische Gegend das Christentum einschleppte. Zwar hatte dort schon 690 der heilige Rupert das Benediktinerkloster St. Peter in Salzburg gegründet, aber erst die weltliche Macht brachte die geistliche Sache in Schwung. Karl belehnte das regierende Haus Babenberg mit dem neuen Entwicklungsland, und gleich der dritte Leopold dieser zwölf Babenberger war schon wieder ein Heiliger. »Ostarrichi« hieß man nun schon in dieser Gegend. Zu seinen Lebzeiten weltlicher Herrscher der Ostarrichi, wurde dieser Leopold gleich anschließend ihr Schutzpatron - ein schönes Beispiel für das von jenem Tag bis zu diesem Tag klaglos funktionierende Eine-Hand-wäscht-die-andere zwischen der katholischen Kirche und dem österreichischen Herrscherhaus. Der zum Heiligen Ernannte hatte dem Papst im Investiturstreit geholfen - also hatte er einen Anspruch. (Anmerkung zur Titelfrage: Nicht heiliggesprochene österreichische Herrscher heißen bloß »der Gütige«, »der Weise«, »der Gerechte«, die Bescheideneren auch bloß »der Große« - sie beziehen diese Titel unter Nachsicht der Taxen im Selbstverleih.)
Doch wäre es falsch zu glauben, daß die ostarrichische Bevölkerung bei diesem Hand-in-Hand etwa das Nachsehen hatte. Im Gegenteil. »Gebet dem Kaiser was des Kaisers und Gott was Gottes ist«, nicht wahr, da wußte man doch, woran man war, man gehörte entweder dem einen oder dem andern. Und nach zeitgenössischen Indizien hat schon damals die typisch ostarrichische Gemütlichkeit zu grassieren begonnen: Während anderswo die Hintersassen je nachdem Gott oder dem Kaiser, beziehungsweise ihren lokalen Stellvertretern, den Zehnten erstatteten und neun Zehntel behielten, waren es in Österreich der Kaiser oder die Kirche, die der Bevölkerung zehn Prozent des von ihr erarbeiteten Sozialprodukts übrigließen - ein schöner Grundsatz, der sich bis zum heutigen Tag in der Bemessung österreichischer Vortrags- und Rundfunkhonorare erhalten hat. Als ich vor nicht langer Zeit in der Wiener »Urania« einen Vor-

trag hielt, überreichte mir der zuständige Funktionär das Honorar in einem österreichisch-taktvollerweise zugeklebten Briefumschlag. Da ich von Österreich zu lange weg bin, um noch taktvoll zu sein, und doch wieder nicht lang genug, um gegenüber taktvoll Zugeklebtem kein tiefes Mißtrauen zu hegen, brach ich sofort den Umschlag auf. Er enthielt dreihundert österreichische Schillinge, fünfzig Mark zum gültigen Tageskurs. Während ich noch mit der Umrechnung stumm beschäftigt war, legte der Herr mein Verstummen als Ergriffenheit aus, und das mit Recht. Selbst ergriffen von seiner eigenen Generosität, sagte er: »Sogar ein Universitätsprofessor bekommt nicht mehr.« (Anmerkung, schon wieder zur Titelfrage: Universitätsprofessor ist ein Mann, der sich auf Grund der bloßen Inhaberschaft eines ordentlichen akademischen Lehrstuhls zur Führung eines Titels berechtigt wähnt.)

Dieses von den Babenbergern in herzlicher Kooperation mit der Kirche eingeführte Prinzip, den Ostarrichi generöserweise zehn Prozent ihres früheren Besitzes zu lassen, ganz für sich allein, führte zur Dreiteilung der Bevölkerung in Verhungerte, in Fastverhungerte, auch Gebirgs- oder Kleinbauern genannt, und drittens in Staatsbeamte, die - nach dem Ausspruch eines bekannten Soziologen namens Johann Nestroy - in Österreich »zwar nix« haben, »das aber sicher«. Das von ihnen nicht Gehabte wird wieder durch Titel ausgeglichen - aber das führt zu weit.
Jener Funktionär der Wiener »Urania« erwies sich, als er mir ein so fürstliches Honorar zukommen ließ, als ein später aber echter Nachfahr jenes Babenbergischen Leopold des Heiligen - echt aber illegitim, denn die legitimen Babenberger starben bald danach aus: 1246. Kurz vorher schrieb noch einer von ihnen, Otto von Babenberg, Bischof von Freysing, eine »Weltgeschichte« - eines der bedeutendsten literarischen Werke des Mittelalters. Das war eine Abirrung ins Intellektuelle, der Hof der Babenberger war damals das Zentrum des geistigen

Lebens - damit war natürlich das Schicksal der Dynastie besiegelt. Apropos Schicksal - dieses Aussterben der Babenberger war schon wieder eine österreichische Schicksalswende, denn der Kaiser übertrug die Erbmasse zunächst dem böhmischen König Ottokar (Nummer Römisch Zwei) - tadelte sich selbst aber bald wegen seiner Generosität und gewann die Masse von dem Böhmen in offener Schlacht zurück.

Die Vermutung, er habe beides nur getan, damit er dem späteren Dichter Franz Grillparzer die Möglichkeit verschaffe, sich mangels anderer Donau-Klassiker mit Hilfe eines Schauspiels »König Ottokars Glück und Ende« als österreichischer Goethe zu erweisen (auch das Bonmot »Der Österreicher *hat* ein Vaterland / Er liebt's und hat auch Ursach' es zu lieben« stammt von diesem Klassiker) - diese Vermutung also ist bestimmt irrig. Näherliegend ist, daß es dem Kaiser darum ging, die der berüchtigten Species Homo Alpinus angehörigen, hauptsächlich mit Gamsbärten sowie Lederhosen bewehrten und auch sonst geistig leicht zurückgebliebenen Urstarrichi durch eine wenigstens vorübergehende Vermischung mit den intelligenten Böhmen aufzuwerten - ein Prozeß, den er nach zwölf Jahren böhmischer Herrschaft hinlänglich fortgeschritten glaubte, um das Experiment beenden und die Böhmen schnöde wieder aus dem Lande jagen zu können.

Hier aber irrte der Kaiser. Die böhmische Herrschaft über Österreich besteht noch immer. Ganz oder teilweise Tschechoslowakisch-Blütige stellen bis zu diesem Tag (je nach der eigenen Blütigkeit des Statistikers) ein Drittel oder auch zwei Drittel der Wiener Bevölkerung. Der zwölft-häufigste Name im Wiener Telefonbuch ist Swoboda. Daß das zur Zeit der Niederschrift dieser Zeile einerseits der Name des tschechoslowakischen Staatschefs ist und andererseits auf deutsch »Freiheit« heißt, ist verwirrend - aber doch wieder nicht verwirrender als alles andere, wo ein Ostarrichi die Hand im Spiele hat.

Außer den schon genannten Benediktinern in Salzburg gibt es im Lande nun auch schon die Augustiner von Klosterneuburg, Klöster gibt es schon weit und breit, die Zisterzienser haben sich nach Heiligenkreuz und Lilienfeld gesetzt, auf jedem halbwegs guten Aussichtspunkt mit fruchtbarem Umschwung sitzt schon ein Kirchlein. Der Wiener Stephansdom wird im zwölften Jahrhundert erbaut, der Architekt hat sich abgebildet, ist aber namentlich unbekannt. Das gilt auch von St. Ruprecht, der ältesten Kirche Wiens, alles zunächst in romanischer Bauweise, die neumodische Gotik setzte sich nur langsam durch, alles in Österreich setzt sich nur langsam durch.

Auch einen Hofdichter gibt es schon, Reinmar den Alten. Sein Schüler: Walther von der Vogelweide, Beruf: Minnesänger - das erstemal, daß man in Wien von der Minne sang. Wenigstens gesungen hat man von ihr auch weiterhin. Doch ist das ein weites Feld, vielleicht reicht es für ein späteres Sonderkapitel. Andererseits gab es schon kurz darauf die Gründung der Wiener Universität - im Baedeker auf meinem Tisch ist sie erwähnt mit dem Zusatz »... Universität, die sich seit damals bis zu ihrer heutigen Weltgeltung emporentwickelt hat«. Ob der Verfasser das vielleicht doch ernst gemeint hat, das sagt er nicht.

Das wichtigste intellektuelle Ereignis des damaligen Österreich hatte aber weder mit der Universität zu tun noch mit dem Minnesang - es war vielmehr epischen Charakters, und zwar die Dichtung des Nibelungenlieds. Es liegt in neunundzwanzig voneinander abweichenden Originalhandschriften vor, und daß unter diesen die österreichische des Ritters von Kürenberg (1140) die originalste ist, hat sich in der Fachliteratur durchgesetzt, obgleich der dies behauptende Germanist selbst ein Österreicher gewesen ist (Franz Pfeiffer, 1863). Noch bemerkenswerter ist sein Beweis. Dichter haben damals, so wies er nach, einander nie etwas gestohlen. Da es keine Copyright-Gesetzgebung gab, ist das einzige denkbare Motiv der Stolz. Schwer faßbar, aber so war es. Jeder baute sich seine eigene Strophe - und die des Nibelungenlieds ist eben die Kürenbergersche.
Was Richard Wagner aus der blutigen Saga gemacht hat, ist bekannt, und der Nicht-Wagnerbewunderer wird, gar wenn er wie ich aus Österreich stammt, darüber taktvollerweise so wenig wie möglich sagen wollen - vielleicht bis auf den diskreten Hinweis, daß der Komponist schließlich Nicht-Österreicher, ja geradezu aus Leipzig gewesen ist. (Daß ein anderer Österreicher und Nicht-Wagnerbewunderer, Eduard Hanslick, unzarterweise sehr viel mehr zum Thema Wagner gesagt hat, ist die Ausnahme, die die Regel bestätigt.)
Nicht so leicht übergehen läßt sich allerdings der kriminelle Aspekt. Wagners

Nibelungen-Kriminalität

»Nibelungen« seien eine Abfolge orchestral aufgeputzter Straftatbestände, wies der kürzlich verstorbene Nicht-Wagnerbewunderer und Amtsrichter Ernst von Pidde nach. (Von den Nazis wurde er dafür zwangspensioniert.)
Da haben wir in »Rheingold« einen Zwerg Alberich, der einen im Flußbett deponierten Goldschatz in der Absicht entwendet, sich daraus im Zug eines Werkvertrages mit seinem Bruder Mime einen Ring sowie eine Tarnkappe erstellen zu lassen. Ehe es jedoch zur Nutzung dieser Objekte kommt, wird Alberich von zwei Göttern arglistig zur Selbstverzauberung in eine Kröte überredet, an welcher die beiden Täter unschwer eine Erpressung zur Herausgabe von Kappe und Ring begehen können - letzterer wird von dem einen der Kriminellen, einem gewissen Wotan, zur Begleichung einer offenstehenden Schuld an Fafner und Fasolt für geleistete Bauarbeiten an seinem Amtssitz Walhalla verwendet. Dieses Bauvorhaben hätte ursprünglich durch Übereignung der Göttin Freya an Zahlungsstatt honoriert werden sollen, doch kommt nach vorübergehender Verschleppung der Dame ein Ausgleich auf obiger Basis zustande, wobei allerdings die Aufteilung des Honorars im Innenverhältnis zu einem Konflikt ohne Beschreitung des Rechtsweges führt: Fasolt wird von Fafner erschlagen und geht so *per nefas* seines Beuteanteils an dem seinerseits ja allerdings gleichfalls *per nefas* erworbenen Goldschatz verlustig. Selbst auf die einfachsten vier Tatkomplexe (unter Außerachtlassung von elf kleineren) reduziert, haben wir hier also erstens die Entwendung eines Ringes durch einen Zwerg, zweitens die Verschleppung einer Frauensperson durch Riesen, drittens die arglistige Erschleichung des zuvor entwendeten Ringes durch Götter, unter denen mindestens der eine, Wotan, ein Wiederholungstäter wenn nicht geradezu gerichtsnotorischer Berufskrimineller ist, und viertens einen Mord unter nahen Familienangehörigen mit dem Tatmotiv Eigennutz.
In der »Walküre« gibt es - um das Argument nach dieser genauen Analyse des Erstkomplexes weiterhin summarischer vorwärtszutreiben - den Inzest Sieg-

munds mit seiner Schwester Sieglinde - die höchst zwielichtige Aneignung des Schwertes Notung - den Totschlag Hundings an Siegmund in einem Zweikampf ohne Sekundanten - Freiheitsberaubung, Nötigung und schwere Kuppelei, begangen von Wotan durch Einschläferung eines unbescholtenen Mädchens mit Hilfe eines »hinterlistigen Kunstgriffs«, eines sogenannten Feuerzaubers.
Dann im »Siegfried« der Zweikampf mit Fafner - die Tötung Mimes - und seine problematische Beziehung zu seiner leiblichen Tante.
Schließlich in der »Götterdämmerung« die Verabreichung eines offenbar mit Drogen versetzten Willkommentrunks - gewaltsame Heimführung Brünnhildes - Siegfrieds Tod, Gunthers Tod, Hagens Tod - schließlich Brünnhildes großzügige Brandstiftung samt strafbarem Suizid.
Und all das aus Österreich.
Die Gesamtstrafe, die Ernst von Pidde in brillanter Arbeit für diese kriminellen Handlungen der Nibelungen allein für den »Ring« errechnet hat, ergibt sich am übersichtlichsten aus der von ihm erstellten Tabelle:

Verwirkte Gesamtstrafen gemäß §§ 73 ff. StGB:

Täter	Delikt	Strafmaß
Alberich	Diebstahl des Ringes (§ 242), Anstiftung zur Ermordung Siegfrieds (§§ 211, 48)	Lebensl. Zuchthaus
Fasolt	Verschleppung Freias (§ 239)	Gefängnis
Fafner	Verschleppung Freias (§ 239), Ermordung Fasolts (§ 211)	Lebensl. Zuchthaus
Loge	Erschleichung des Ringes (§§ 239, 253, 73)	Gefängnis nicht unter 2 Monaten

Wotan	Erschleichung des Ringes (§§ 239, 253, 73), Beihilfe zum Tod Siegmunds (§§ 212, 49), Totschlag Hundings (§ 212), Einschläferung Brünnhildes (§§ 239, 240, 181, 73), Brandstiftung (§ 308)	Zuchthaus bis zu 15 Jahren
Siegmund	Blutschande (§ 173), Zweikampf ohne Sekundanten (§ 208)	Gefängnis bis zu 2 Jahren. Einschließung bis zu 15 Jahren
Sieglinde	Blutschande (§ 173)	Gefängnis bis zu 2 Jahren
Hunding	Zweikampf unter Verletzung der Kampfesregeln (§§ 207, 212)	Zuchthaus nicht unter 5 Jahren
Fricka	Anstiftung zur Ermordung Siegmunds (§§ 211, 48)	Lebensl. Zuchthaus
Mime	Versuchte Ermordung Siegfrieds (§§ 211, 43)	Zuchthaus nicht unter 3 Jahren
Siegfried	Tierquälerei (§ 9 TierschutzG), Totschlag Mimes (§ 212), Entführung Brünnhildes (§ 236)	Zuchthaus bis zu 15 Jahren
Gutrune	Beihilfe zur Giftbeibringung (§§ 229, 49)	Zuchthaus bis zu 10 Jahren
Gunther	Beihilfe zur Ermordung Siegfrieds (§§ 211, 49)	Zuchthaus nicht unter 3 Jahren
Hagen	Giftbeibringung (§ 229), Ermordung Siegfrieds (§ 211), Ermordung Gunthers (§ 211)	Lebensl. Zuchthaus
Brünnhilde	Anstiftung zur Ermordung Siegfrieds (§§ 211, 48), besonders schwere Brandstiftung (§ 307)	Lebensl. Zuchthaus

Wellgunde	Totschlag Hagens (§ 212)	Zuchthaus nicht unter 5 Jahren
Woglinde	dto.	dto.

Das ist eine gute seelische Vorbereitung auf den nächsten österreichischen Schicksalsschlag. Er war, daß nach dem Sturz des böhmischen Ottokar die hierdurch schon wieder verwaiste Erbmasse einer Firma zufiel, auf deren baldiges Aussterben zu hoffen vergebens gewesen wäre: der Kinderreichtum war dort erstaunlich und nach von ihnen alsbald eingeführten Steuergesetzen für die Untertanen zwar teuer, für das Herrscherhaus aber ungemein lukrativ. Kaum geboren, war so was schon General mit sieben- bis siebzehnfachem Normalgehalt. Es handelt sich - der Fachmann wird es hieraus schon erraten haben - um das Haus Habsburg. Zuagraste, vom Standpunkt der Ostarrichi gesehen - aber die wurden natürlich schon damals bei so etwas nicht befragt. Rudolf der Erste von Habsburg wurde 1273 Kaiser des Heiligen Römischen Reiches deutscher Nation. Nach Verjagung des böhmischen Ottokar machte er seinen Sohn Albrecht zum ersten habsburgischen Herzog von Österreich - und da er nun schon einmal dabei war, gab er ihm Ungarn noch gleich dazu.

Wir aber wollen die Taten und Abenteuer der Habsburger während der nächsten vier oder fünf Jahrhunderte nicht zu genau verfolgen; sie waren verworren, halb Machtzuwachs durch Bluttat, halb Machtzuwachs durch Heiraterei. Der perverserweise an der genaueren Historie Interessierte lese das besser in einem Fachbuch nach.

Was sage ich nun für jenen Zwischentyp, dem zwar die Historie zutiefst gleichgültig ist, nicht aber das scheinbare Nebenbei, das dem Partner seiner Konversation (nein, natürlich der Partnerin) den Eindruck vermittelt, daß er im Besitz einer vermutlich abiturientischen wenn nicht geradezu akademischen Bildung sei?

Kurz und einigermaßen schmerzlos: Er halte sich nicht bei den Namen römisch-deutscher Kaiser und bei ihren endlosen Kriegen auf. Bekriegten sie einander nicht (wobei ihre Untertanen draufgingen, nie einer von ihnen selbst), so probierten sie es mit schlau arrangierten Heiraten. Karl der Fünfte, der in der ersten Hälfte des 16. Jahrhunderts regierte, hatte schon »ein Reich, in dem die Sonne nicht unterging«. Es war so groß, so unübersichtlich, so besessen von einem überdimensionalen Beamtenschwarm, daß die Habsburger sich schließlich doch darauf einigten, das enorme Unding zu teilen: zwischen einer spanischen und einer österreichischen Linie.

Weitaus wichtiger als das unüberschaubare Gewimmel von Namen und Schlachten war der religiöse Aspekt. Johannes Hus, Prager Reformator und Prediger und Gegner des Papstes in Rom, wurde 1415 vom Papst exkommuniziert und vom Kaiser als Ketzer verbrannt - folgte ein Vierteljahrhundert blutrünstiger Hussitenkriege. Luther, der 1517 seine Thesen in Wittenberg ans Portal der Kirche schlug, wurde nicht verbrannt - Folge: Aufstände, Bauernkriege in Österreich, vor allem im Salzburgischen, wo der religiöse Protest (wie auch sonst fast immer und überall) Hand in Hand ging mit dem sozialen Protest gegen Hunger, Elend, Steuererpressung, Leibeigenschaft. Das kam nicht zur Ruhe, es mündete in den Dreißigjährigen Krieg, der 1618 begann und in dem es mindestens zur Hälfte um die religiösen Konflikte ging. Der auf einen guten Eindruck Bedachte erwähne gegenüber der Partnerin seiner Konversation den »Bruderzwist im Hause Habsburg« des Donau-Goethe Franz Grillparzer; zweitens, den prominentesten habsburgischen Feldherrn betreffend, den Schillerschen »Wallenstein«;

drittens, zum Thema der leidenden Populace, die »Mutter Courage« von Brecht - für die literarische Bewältigung des Dreißigjährigen Krieges ist das ein Minimalprogramm. Kaum der Dreißigjährige Krieg vorüber, folgt schon wieder Habsburgisch-Heroisches: die Belagerung Wiens durch die Türken. Graf Starhemberg, Feldmarschall Karl von Lothringen, Feldmarschall Prinz Eugen von Savoyen (»Prinz Eugen der edle Ritter«, man weiß ja) - das sind die Namen, die in diesem Zusammenhang konversationsweise der Dame gegenüber fallen zu lassen sind, und ist sie etwa eine Polin, so spreche man dazu noch besonders lobend von dem Polenkönig Johann Sobieski, der der Stadt Wien zu Hilfe kam.

Interessiert sich die Dame jedoch mehr für Kultur, so erwähne man etwa Michael Pacher, der in dem später durch das »Weiße Rößl« zu Weltruhm gelangten Dorf St. Wolfgang den berühmtesten österreichischen Flügelaltar geschaffen hat; oder den Freskenmaler Johannes von Villach; oder Jörg Kölderer, Maler in Innsbruck, der nicht nur das Grabmal des Kaisers Maximilian (Eins) sondern auch das für den Fremdenverkehr noch viel wichtigere »Goldene Dachl« schuf - mit Gold gedeckt, ob man es glaubt oder nicht, es hat die Jahrhunderte überdauert und zwei Inflationen; kann aber sein, natürlich, das Gold ist millimeterdünn oder doch nicht Gold. Auch die Kapuzinerkirche in Wien wäre in diesem Zusammenhang zu erwähnen, samt der exklusiv für Habsburger reservierten Kapuzinergruft. Dazu schlängelten sich zwei fruchtbare Künstlerfamilien durch diese Jahrhunderte - hieß ein Künstler damals nicht Schwanthaler, so hieß er Lederwasch.

Genug? Genug. Jedermanns akademische Bildung ist damit reichlich unter Beweis gestellt. Nur für die ganz Unersättlichen: Opitz der religiöse Mystiker - Abraham a Santa Clara der Prediger, ein Augustinermönch - der große Arzt Paracelsus, auf den die Homöopathen sich berufen, ist in Salzburg begraben - Kepler der Astronom in Prag - der Däne Tycho Brahe, der den Habsburgern

ihre Horoskope stellte. Und ist die Dame jetzt noch immer nicht überzeugt, so wende man sich von ihr ab.
Auch sind damit diese vier Jahrhunderte habsburgischer Segensherrschaft für die Ostarrichi samt anliegenden Gegenden Gott sei Dank überbrückt - wir wenden uns aufatmend dem achtzehnten Jahrhundert zu.

Achtzehntes Jahrhundert also, auf dem österreichischen Thron sitzt Maria Theresia. Eine Frau - auf Grund eines für den Sonderfall geschaffenen Sonder-Nachfolgegesetzes zum ersten- und letztenmal eine Frau. »Bella gerant alii tu felix Austria nube«, hatte im 15. Jahrhundert ein gebildeter König gedichtet, damit hinfort alle österreichischen Gymnasiasten ihr Leben lang ihre feinere Bildung mit Hilfe dieses lateinischen Zitats unter Beweis zu stellen in der Lage seien - etwa noch unter Hinzufügung einer angemessenen deutschen Übersetzung: »Kriegführen zahlt sich nicht aus, du, glückliches Management der immer geldknappen Firma Österreich, sanierst deine Bilanz am sichersten mit Hilfe von Mitgiften.«

Zum erstenmal eine Frau also, keine Mitgiften für sie, im Gegenteil, sie übernahm ein Land mit zerrütteten Finanzen und einer noch zerrütteteren Armee. Alle wollten ihr alles wegnehmen, sie mußte Erbfolgekriege führen, dazu einen Siebenjährigen gegen Friedrich den Zweiten von Preußen, einen an Damen nicht sonderlich interessierten Herrn, der sie taktloserweise besiegte. Bei all dem ließ sie Haare, doch behauptete sie sich mit Ach und Krach, und privat war sie jedenfalls eine großartige Person. Es gab erst Schwierigkeiten in ihrer Ehe, »praeterea censeo vulvam Sanctissimae Majestatis ante coitum esse titilandam«, schrieb der Hofarzt ihrem Gemahl, ein Satz, der ausnahmsweise nicht in die Lateinbücher

»Vulva titilata« - ablativus absolutus

österreichischer Gymnasien Einzug hielt, aber der Gemahl der Kaiserin ließ sich ihn übersetzen, und von da an war Ihre Majestät heiter, dick und auf eine generöse Weise kinderreich. Auch allen ihren Untertanen wünschte sie Familienglück mit vielen Kinderchen. Wollte man etwas bei ihr erreichen, so erwirkte man eine Audienz und bat sie vor allem um Hilfe in einer unglücklichen Liebesaffäre, und hatte man eben keine, so erfand man sie - hoppla, schon wurde man protegiert. So war sie auch für allerlei liberale Reformen zu haben - was man so liberal nannte in jener Zeit. Was war das für eine Zeit - wie sah es in Maria Theresias »Landen« aus, als sie sie übernahm?

Die Scharfrichter haben soeben in Wien »eine Zusammenkunft« abgehalten (so steht es in der *Berlinischen Ordinairen Zeitung*) und eine neue Tortur erfunden - man hat sie auch sofort an einem bisher Verstockten ausprobiert und »bei dieser neuen Tortur hat er alsobald seine Missethat bekennet«.

Derlei brauchte man aber auch. Zum Beispiel meldet dasselbe Berliner Weltblatt, ebenfalls aus Wien, man habe eben in der kroatischen Provinz »einem Maleficanten 14 wohlgeführte Streich mit 3 Schwerdtern an den Halß gegeben«, ohne einen Tropfen Blutes zu produzieren. Erst bei genauester Inspektion habe man an seinem Bein »ein klein grünes Kügelein eingeheilet gefunden, nach dessen Herausschneidung dem Maleficanten der Kopff mit einem Streich wäre weggeschlagen worden«.

Dazu gibt es, laut *Hamburgischem Correspondent,* einen Lindwurm in der Nähe des Klosters Lilienfeld, der schon »etliche Welt- und Geistliche Personen verschlucket hat« - das wird dann dementiert -

- nicht dementiert aber, im Gegenteil sehr voll dokumentiert, wird eine Serie von Berichten über Vampire, aus Gradiska in Ungarn, aus »Servien«, überall dorther vom Balkan - von dem Österreich wie jedes andere Balkanland natürlich behauptet, es selbst gehöre zwar nicht dazu, aber der wahre Balkan beginne gleich an der östlichen Grenze zum Nachbarland. (Nur Karl Kraus behauptete, der Balkan beginne schon an der Ostmauer seines Schlafzimmers mitten in Wien: das war die Grundlage seiner Miteinbeziehung Österreichs in den Balkan, natürlich mit Ausnahme seiner selbst.)

Wir sprachen von den Vampiren. Tröstlich immerhin, was da unter dem 25. Juni 1738 »aus Wien« in der Berliner *Vossischen Zeitung* steht: »Dem Verlaut nach melden sich die Vampyrs, die aus denen Gräbern kommende Blutsauger, wieder im Bannat, sie haben sich aber gleichwohl noch nicht unterstanden, einem eintzigen Angehörenden der Deutschen Nation beschwerlich zu fallen.«
Deutschland, deine Vampire.

Dagegen gibt es eine Bande von hundertfünfzehn veritablen Menschenfressern, meist Zigeunern in Ungarn (ihnen wird umständlich der Prozeß gemacht) -

- ein Oberzauberer samt drei Unterzauberern und sechs Hexen werden verbrannt, schon wieder in Ungarn, in Szegedin -

- Wölfe, die die Bevölkerung attackieren, gibts in Tirol -

- außer sie sind musikalisch wie die in der Steiermark, dann lassen sie von den gestrandeten Passagieren einer Postkutsche ab, wenn jemand ein patriotisches Lied auf dem Posthorn bläst - ein Vorwurf für den Produzenten des nächsten Heimatfilms.

Patriotischer Postillion zähmt steirischen Wolf

Dazu gibt es viel Erfreuliches, zum Beispiel den Methusalem von Köfrösch, eben verstorben im 186. Lebensjahr, Beruf: Viehzüchter. Er ging rüstig am Stock, auch waren seine Augen zwar rot doch gut, »der Kopf und Bart aber wie ein Brod-Schimmel grünlich-weiß«, und sein jüngster lebender Sohn erst 97 alt, aus einer seiner späteren Ehen - aber als ein Aristokrat, ein Gaf Wallis, ihn kuriositätshalber »durch einen aus Teutschland hier anwesenden Mahler in Lebens-Größe abconterfeien lassen, da ist er eine Stund nach der Verfertigung in denen Armen einer seiner Befreundinnen gestorben«.

Aberglauben gibt es dagegen nicht. Der »Wiener Blutregen« wird fachgerecht aufgeklärt, »man vernimmt nun, daß es dennoch kein Blut in den Wolcken gewesen, sondern eine große Menge Würme, so im fliegen eine rothe Materie Tropffen-weise haben fallen lassen« -

- und auch daß die Zunge des heiligen Nepomuk, nach Jahr und Tag wieder aus dem Reliquienschrank genommen, so frisch ist wie eh und je, ist selbstverständlich nicht Aberglauben - der wäre verboten! - sondern ein Wunder, also natürlich.

»Vorgestern«, heißt es aus Wien in der *Vossischen Zeitung*, »wohnete der Kayserl. Hof dem Gottes-Dienst bey, unter welchem der neu erwehlte Rector hiesiger Universität den Eyd wegen Vertheydigung der unbefleckten Empfängniß Mariä abgeleget, worauf ein Jesuit eine Lobrede auf ihn gehalten.«

Auch den technischen Fortschritt gibt es schon - etwa den: »Es befindet sich allhier in Wien eine Person, welche die Wissenschafft hat, die sogenannten Wantzen sicherlich aus denen Bettstellen zu vertreiben, daß sie niemahls wiederum darein kommen.«

Er hat sie schließlich dann doch nicht vertrieben, wenn ich mich recht an meine Wiener Jugend erinnere, aber auch so, oder vielleicht gerade darum, weil es nicht funktionierte: es ist die österreichischste aller Erfindungen.

Hier nur noch der Nachweis, daß in Österreich auch der liebe Gott auf die Jagd geht: *Schlesischer Nouvellen Courier*, aus Wien: »Ihre Königl. Hoheit der Großherzog von Lothringen haben sich heute früh um 6 Uhr in Begleitung des allmächtigen Gottes zur Auerhahnjagd begeben.« - Und neben der Erwähnung Gottes ist das zugleich auch die erste Erwähnung von Maria Theresias lothringischem Prinzgemahl - dem Mitproduzenten der zehn Kinder der Majestät.

Sie hat es nicht leicht - nein, sie hat es nicht leicht. Das ist die erste Erwähnung, die ich, sie selbst betreffend, in den Zeitungen finden kann: *Vossische Zeitung*, aus Wien, vom 24. Dezember 1741: »Ihro Majestät die Königin sind mit Untersuchung der bisher geführten Rechnungen beschäftigt, und soll Sie bereits ungemein vielen Unterschleif entdecket haben. In den Keller-Rechnungen hat sie zum Exempel folgendes befunden:
1) Eine Hof-Dame des Tages 6 Kannen Wein;
2) Der Verwittweten Kaiserin Amalia zum Schlaf-Trunck alle Abend 12 Kannen Ungarischen Wein;
3) Auf die 2 Papagoyen, so Ihro Majestät halten, des Jahres zum Brodt einweichen 2 Fässer Tokayer und zum Bade 15 Eimer Österreicher-Wein.
In der Küche sind allein für Petersilge jährlich 4000 Gulden angerechnet worden; und kan man, da dergleichen von den niedrigsten Bedienten mit solcher Verwegenheit geschehen, sich von den übrigen leicht selbst eine Vorstellung machen. Ihro Majestät haben auch bereits vielen Hof- und Gerichts-Offizianten, insonderheit aber den Castraten, angedeutet, daß ihre Besoldungen beschnitten werden sollen.«

Für 2 Papagoyen 2 Fässer Tokayer, ferner 4000 Gulden für Petersilge

Unfair zu Kastraten - ihnen so eine Beschneidung anzudeuten. (Und wie, nebenbei, heißt das Gegenteil von »Eulen nach Athen tragen« - wie drückt man das aus?) Aber so gewissenhaft war diese Maria Theresia nun einmal. Sie war streng, aber gerecht - und sie war liberal!

Nicht geradezu Schriftstellern gegenüber, selbstverständlich. Das ginge zu weit. »Wien, vom 15. November. Nachdem eine unter dem Namen Rochezang von Isecern herausgegebene Beschreibung des Königreiches Böhmen fast meistens wider das Erzhaus Österreich, besonders die Erbfolge, viel ärgerliches enthält: so haben Ihro Majestät die Kaiserin-Königin verfüget, daß dieses Buch durch den Scharfrichter öffentlich verbrannt werden solle; welches auch gestern vor dem Schottenthore mittels Verbrennung dieses ärgerlichen Buches und Anheftung des Namens Rochezang von Isecern an einem auf dem Rabenstein errichteten Schnellgalgen öffentlich vollzogen worden.«

Begreiflich - da in dem Buch etwas gegen die neue Frauen-Erbfolge-Berechtigung geschrieben stand. Aber in religiösen Dingen war Maria Theresia voll Toleranz - gemessen an den Aktionen anderer Habsburger im Zug der alten Geschäftsbeziehungen mit dem Papst in Rom. 1415 hatten diese Habsburger den protestantischen Ketzer Johannes Hus verbrennen lassen, 1522 warfen sie in Salzburg die durch Steuern verelendeten protestantischen Bauern nieder, im Dreißigjährigen Krieg ab 1618 massakrierten sie an weiteren Protestanten, was ihnen zwischen die Finger kam - noch kurz vor Maria Theresias Regierungsantritt steht im *Hamburgischen Correspondenten* ein Bericht aus Wien: »Der Ertz-Bischoff von Salzburg hat ein Decret ausgehen lassen, vermöge dessen alle Protestanden, so über 12 Jahre alt, sich nach Verkauffung ihrer Habe weg machen sollen, zumahlen seit dem Jahre 1200 keine andere als die Röm. Catholische Religion in gedachtem Ertz-Bisthum gelitten worden«

- aber jetzt, kaum daß Maria Theresia auf dem Thron sitzt, meldet schon die *Vossische Zeitung* aus Wien: »Bey der hiesigen Universität hat man zu den ausgeschriebenen 4 Professuren in der Rechtsgelehrsamkeit kein einziges annehmliches Subjectum erlangen können, woraufhin auf Befehl Ihro Majestät bekannt gemachet worden, daß man sogar Protestanden dazu admittiren wolle.«

Mit den Juden ist das natürlich anders. Unter Maria Theresias Vater hieß es noch 1728 in der *Vossischen Zeitung* aus Wien: »Nächstens soll alhier die Verordnung publiciret werden, daß bei der Judenschafft den jungen Leuten nicht mehr so häuffig zu heyrathen verstattet werde«
- worauf es, wieder aus Wien, im folgenden Jahr in der *Vossischen Zeitung* heißt: »Weil die Juden dem Kayser 400 000 Gulden vorgeschossen, so meynet man, daß das vor einiger Zeit wegen Einschrenkung der Heyrath ihrer Kinder ergangene Edict wieder aufgehoben werden dürffte.«

Eine glatte Sache - derlei will gelernt sein. Kaum auf dem Thron des beinahe bankrotten Landes, treibt Maria Theresia »aus verschiedenen sehr wichtigen Ursachen«, die sie taktvollerweise nicht nennt, diesmal aus ganz Böhmen die Juden aus - 32 000 Familien, die sich an Holland »und vermuthlich auch an andere Puissancen« um Hilfe wenden. Der holländische Minister interveniert bei der Kaiserin-Königin, die so gar nicht ihre »Ursachen« nennen will; am nachdrücklichsten interveniert der englische: »... Ihro Majestät zu erkennen zu geben, wie sehr Sie Ihrem eigenen Interesse schaden würde, wenn Sie auf Ihrer so erschröcklichen Sentenz bestünde, welche alle Welt als einen unauslöschlichen Flecken ansehen würde.«
Noch immer zögert die hohe Frau - die *Haude-Spenersche Zeitung* hört aus Prag: »Die Juden haben das Unvermögen, vor ihrer Abreis ihre Creditores zu befriedigen, angezeigt. Die mehresten wenden sich nach Pohlen, desgleichen nach Altona. In Hamburg will man partout nur die reichsten einlassen. Viele haben den Christlichen Glauben angenommen, damit sie ferner hierbleiben dürfen« -

Das endlich bewegt der Regentin christliches Herz, diskrete Gespräche hinter verschlossenen Türen bewegen dazu auch noch ihr finanzielles Herz - *Vossische Zeitung:* »Wien, vom 12. August. Nachdem die Kaiserin-Königin die Verordnungen, welche sie zur Verbannung der Juden aus Dero Landen ergehen lassen, wieder aufgehoben, so treibet beregte Nation anjetzo in den Königl. Landen ihren Handel und Wandel auf eben den Fuß, wie vormals.«

Eine liberale Frau.

Auch eine deutsche Frau. Wieder die *Vossische:* »Donaustrom, vom 31. October. Unserer Muttersprache stehet eine neue Ehre bevor. Sie soll die ordentliche Hofsprache an dem Wienerischen Hofe werden. Ihre Majestät sollen Sich ausdrücklich dahin erkläret haben, daß Sie die teutsche Sprache für artig genug hielten, sie in dem Kayserl. Pallaste reden zu lassen. Ein Beweis von der Liebe der erhabensten Monarchin für das Land, dessen Oberhaupt sie ist.«

Das Historische ist damit nicht ausgestanden. Unter den deutschsprachigen Ländern gibt es weit und breit keines, das so sehr durch Historie ausgezeichnet und mit Historie geschlagen ist wie das Land Österreich. Diese Historie läßt sich im Rahmen dieses Buches hier weitgehend beiseiteschieben - weitgehend, aber doch nie ganz. Denn mehr als irgendein anderer deutscher Stamm trägt der Österreicher seine Historie mit sich herum, Schicht um Schicht hat sie sein Wesen, seinen Charme, seine Unredlichkeiten, seine Begabungen, seine Schwächen, seine Vorurteile, seinen Größenwahn, seine trügerische Bescheidenheit aufgebaut, seine Blutmischung, seine Sprache auch - er ist gar nicht zu verstehen ohne eine Analyse dieses Potpourris.
Da hatten wir also diese Maria Theresia. »Die Große«, übrigens. Ihr Sohn und Nachfolger Joseph der Zweite, »der Volkskaiser«, war ausnahmsweise einer, der wirklich seinen Beinamen verdiente. Seine wirklich großen liberalen Reformen kamen noch vor der Französischen Revolution - ein historisches Kuriosum mehr in diesem konservativen Land. Das konnte nicht gutgehen, er starb nach bloß zehn Jahren Herrschaft.
Sein Nachfolger Franz II. war ein finsterer Reaktionär, der die Reformen seines Vorgängers verwässerte oder widerrief, wo und wie er nur konnte. Er war der Erzfeind der Französischen Revolution. Von Napoleons faschistischen Anfängen

und eisernem Besen erhoffte er sich zunächst noch das große Aufräumen mit den jakobinischen Ideen der Populace. Er gab ihm sogar seine Tochter zur Frau, aber als diese Rechnung nicht aufging, wurde er auch der Erzfeind Napoleons. Eine Allianz gegen ihn auf die Beine zu stellen und ihn tatsächlich zu Fall zu bringen wäre dieser Franz durchaus nicht fähig gewesen - das, und den Wiener Kongreß, den Auftakt zur großen Reaktion, besorgte für ihn sein ungewöhnlich gescheiter, geschickter, intrigantischer Kanzler Metternich.
Dazwischen wurde gehängt, geköpft, Freimaurer, Jakobiner, Republikaner, jeder der auch nur in Verdacht geriet - es war die grausige Spielart der österreichischen Schlamperei.
Franz des Zweiten Sohn und Nachfolger: Ferdinand der Erste, Beiname »der Gütige«, schon wieder in dem um keinerlei Begründung besorgten Selbstverleih. Für die Naturgeschichte des Österreichers ist dieser Gütige dennoch von hoher Wichtigkeit: er machte wie kein anderer Habsburger vor oder nach ihm die Dummheit hoffähig, seine leicht idiotisch hängende Unterlippe - die »Habsburgerlippe« - wurde in den feinen Kreisen seiner Hauptstadt der letzte Schrei.
Dies war der einzige schöpferische Akt dieses gütigen Ferdinand - einerseits für die echten österreichischen Degenerierten, und andererseits für die falschen Degenerierten, die nur so taten, blitzgescheite Leute unter ihnen, die sich als Idioten verstellten und sich im Preise herabsetzten, um sich eben dadurch im Preise hinaufzusetzen als scheinbare (oder wirkliche) Angehörige der obersten Garnitur im Staat. Die einzige Parallele, die mir bekannt ist, findet sich im englischen Smart Set, und auch dort wieder unter den besten Köpfen des Landes: Dem dort üblichen Understatement bezüglich des eigenen Besitzes, des eigenen Wissens, der eigenen Fähigkeit, gegenüber parvenühaft angeberischen Amerikanern und sonstigen Sprach- und Landfremden, liegt der gleiche seelische Prozeß zugrunde wie der Scheinidiotie des Österreichers gegenüber dem Menschentyp, den er, wir wissen es schon, den Piefke nennt.

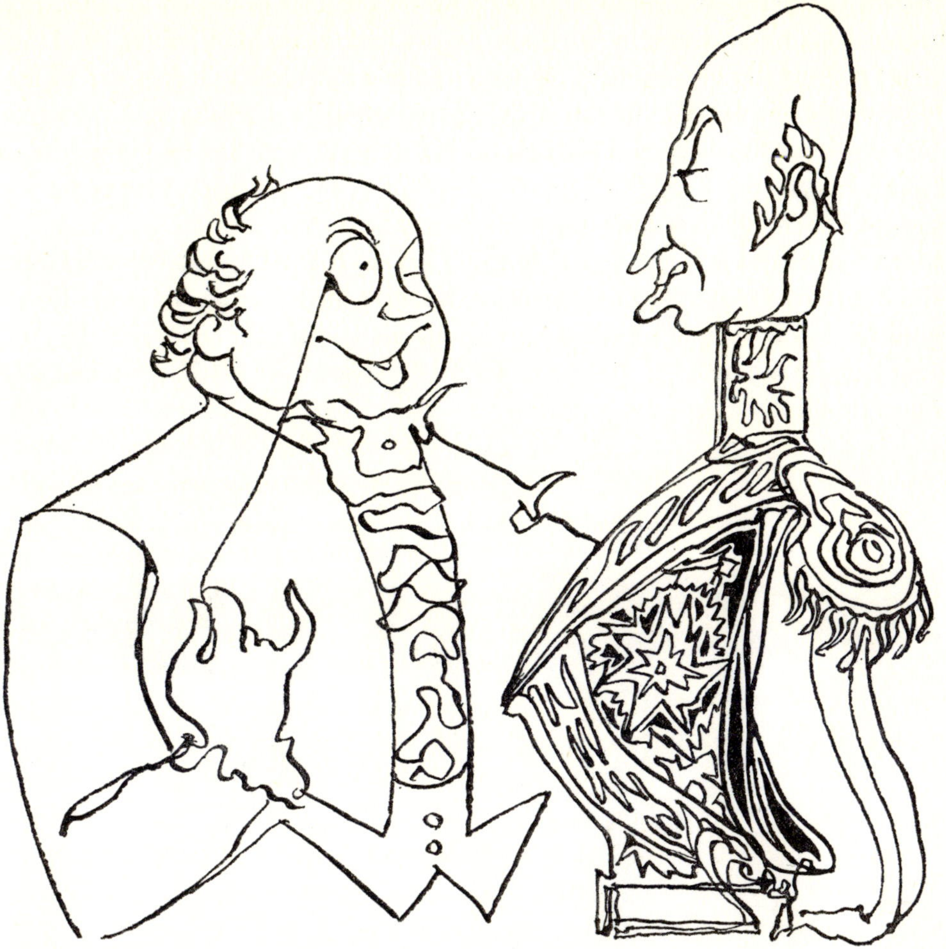

Graf Bobby erlernt die Habsburgerlippe

Diesem von Ferdinand dem Gütigen ins Leben gerufenen falschen Schwachsinn begegnet man noch heute in Wien auf Schritt und Tritt. Man sei auf der Hut, man falle auf ihn nicht hinein, man verwechsele ihn nicht mit dem der echten Idioten, die seit damals über all die Operettenoffiziere der k. u. k. Armee und quer durch die Schriften von Karl Kraus bis zum heutigen Tag lebendig geblieben sind - siehe die Witzblattfigur »Graf Bobby«, der viele echte Aussprüche des gütigen Ferdinand im Munde führt.

Dieser Ferdinand saß auf dem Thron - da war es schon 1848, Revolution weit und breit. Sie brach auch in Ungarn los, Kossuth hieß dort der neue Mann, er schickte eine Delegation nach Wien - nun, vielleicht sieht man sich das am besten in einer Szene bei Hofe an. Zeit: 1848 also, Ort: Hofburg, Wien, der Autor ist unbekannt.

»Der Kossuth«, sagte seine Majestät der gütige Kaiser Ferdinand, »- der Kossuth?«
Er saß lang und schmalschädelig und gebogen in einem rotsamtenen Sessel, in dessen Rückenlehne der doppelköpfige Adler des Habsburgerreiches gestickt war, und ließ seine feuchte und volle Habsburgerlippe ein wenig hängen, so daß die großen, törichten Zähne zu sehen waren. Er hielt mit überlangen Fingern ein goldenes Lorgnon vor die wasserblau verwaschenen, engstehenden Augen und blickte auf ein Blatt, das er weit von sich ab in der Hand hielt und auf dem ein Verzeichnis der Hauptthetzer stand, der Haupträdelsführer der Unzufriedenen dort unten in Ungarn, die es gewagt hatten, ihm eine Delegation da heraufzuschicken nach Wien - eine Delegation, die an diesen Iden des März 1848 nun schon seit sechs Stunden wartend in der Antichambre der Wiener Hofburg saß.
Der Kaiser geruhte zu wiederholen, zum drittenmal: »Der Kossuth? Dem seine Delegation soll ich empfangen? Geh, Franzl« - er wandte sich an den hochaufgeschossenen, achtzehnjährig und wohlerzogen neben seiner gestrengen Frau Mutter sitzenden Erzherzog Franz Joseph -, »Franzl, geh, bist fesch und machst dort die Tür auf und rufst den Schöberl, ja? Wahrscheinlich tut er ohnedies wieder horchen.«

»Aber Majestät«, sagte die vollbusige Mutter des als Franzl Bezeichneten, der sich diensteifrig erhoben hatte, und zog den Sohn am Rockschoß auf seinen Sitz zurück, »Majestät, was brauchst denn den Schöberl in so einem Augenblick?«
»Schau, geehrte Frau Schwägerin, das verstehst nicht«, gab der Kaiser zurück. »Mit diesen politischen Gschichten - mein Kammerdiener kennt sich da aus, er liest die Zeitung, er kann Französisch und Böhmisch, er ist ein gebildeter Mensch! Der Kossuth, sagt er, der ist der Schlimmste. Der ist ein ganz ein roter radikaler Jakobiner. Soll der Schöberl wenigstens hinausgehen, bevor daß ich die Delegation empfang, und nachschauen, ob nicht einer von ihnen vielleicht eine Bomben bei sich hat.«
»Also, wo er recht hat, da hat er recht«, sagte schwachstimmig Seine Kaiserliche Hoheit der Erzherzog Franz Karl, jüngerer Bruder und fadenscheiniges Abbild der Majestät. Er saß in seiner himmelblauen Generalsuniform schmalbrüstig und ein wenig eingeklemmt zwischen der brokatenen Wandtapete und dem energischen Busen der Gattin, die die Hosen anhatte an diesem Kaiserhof. Erzherzogin Kamarilla hieß sie im Volksmund. Der kraftlose Beifall des Herrn Erzherzogs verflatterte, ohne daß man von ihm Notiz nahm.
Fürst Schwarzenberg rückte auf dem goldenen Stühlchen, das winzig unter seinem breiten Gesäß verschwand, und saß da, kunstvoll gebrechlich die leicht vorgebückte Haltung seines Kaisers kopierend, und räusperte sich ein wenig und erlaubte sich zu erinnern, wachäugig blickend unter gesenkten Lidern und mit dem nasalen Tonfall der Gentry von Wien: »Majestät - nicht daß ich ein Scharfmacher bin. Aber ich möcht submissest vorschlagen: die Ungarn nicht einmal ignorieren. Gegen so Frechheiten, wie die Forderungen, die der Kossuth uns da heraufschickt, gibts nur eines: ein autoritäres Regime und eine eiserne Faust. Freiheiten wollen sie, eine Konstitution? Das wär der Anfang vom Ende. Wenn man nicht scharf ist, gingerts in ein paar Tagen in Pest los, so wie kürzlich in Wien, mit Barrikaden und weiß Gott was.«

»Revolution? Ja dürfen s' denn das?«

Der Kaiser blickte blaßblau. »Ja - dürfen s' denn das?«
Schwarzenberg zuckte die Achseln. »Es ist mir peinlich, daß ich es sagen muß, aber es ist da früher eben nicht alles mit der nötigen Voraussicht -«
»Der Metternich!« sagte die Erzherzogin männerstimmig und wogte.
Schwarzenberg versicherte: »Ist mir ja peinlich. Aber wenn der Name schon einmal gefallen ist - er war halt in letzter Zeit schon ein bissel kränklich, nicht? Noch am Tag, bevor er demissioniert hat - er arbeitet in seinem Zimmer, wir hören einen Pumperer, ich natürlich sofort hinein -«
»Ein Schlagerl?« fragte schwachstimmig Seine Hoheit der Erzherzog Franz Karl, doch verflatterte seine Frage, ohne daß man von ihr Notiz nahm.
»Ja, wenn man einmal in die Achtzig kommt«, sagte der Kaiser nachdenklich. Von ferneher aus dem Ungewissen war ein vielfacher Laut zu hören: das Volk, das in diesen Tagen von früh bis spät auf der Straße stand. Der Kaiser erhob sich und durchquerte gebrechlich das Zimmer nach dem Fenstervorhang hinüber und blickte durch einen Spalt.
»Ich sag: schießen lassen«, ließ sich der Stimmschwache hören und erschrak vor der Frau.
»Schießen erlaub ich nicht«, gab der am Vorhangspalt entschieden zurück. »Ist verboten! Wer ist da der Kaiser? Na also.« Er wurde ruhiger. »Das schmeckert euch. Gleich schießen. Kann das größte Malheur passieren.«
»Ich, wenn ich du wär, Majestät«, riet männerstimmig die Kamarilla - »gingert ich von dem Fenster weg.«
»Ah, mir tun s' nichts«, sagte der Kaiser leichthin. »Ich bin beliebt. Über mich lachen s' immer.«
Schwarzenberg räusperte sich. »Ich darf Majestät erinnern: die Ungarn!«
Der am Vorhangspalt seufzte. »Mir bleibt doch nichts erspart.« Er wandte sich in den Raum und fragte: »Also die eiserne Faust zeigen? Haben S' wenigstens den Polizeibericht mitgebracht über den Kossuth?«

Der Fürst kramte in einer Mappe, er hielt ein Blatt in der Hand, er sagte: »Angefangen hat er mit dem Stänkern - das ist jetzt zehn Jahr her. Also auf mich wenn es angekommen wär, hätt ich die ganze Gschicht niedergeschlagen, aber -«
»Aber der Metternich«, nahm ihm die Erzherzogin das Wort aus dem Mund und gab dem Achtzehnjährigen und dem Gatten je einen Feldherrnblick.
»Geben S' her«, sagte der gütige Kaiser Ferdinand und nahm seinem neugebackenen Staatskanzler das einen ungarischen Suspekten und Jakobiner betreffende Blatt aus der Hand und schaute aus seinen wasserblauen Augen hinein und rief dann befriedigt: »Na also. Eingsperrt war er ja auch!«
Schwarzenberg schränkte ein: »Kaum zwei, drei Jahrln - hat man ihn schon wieder ausgelassen. Grad genug, daß er ein sogenannter nationaler Märtyrer geworden ist in Transleithanien.«
»Ausglassen haben s' ihn?« fragte der Kaiser streng.
Schwarzenberg nickte. »Ist mir ja peinlich, daß ich es sagen muß, aber es war auf spezielle Anordnung.« Er machte eine kleine Pause, doch tat ihm die Kamarilla diesmal nicht den Gefallen. Sich von ihr die Kastanien aus dem Feuer holen zu lassen, das würde ihm so passen, dem Schwarzenberg.
Der Kaiser fragte: »Sagen Sie, was hat der Metternich Ihnen denn eigentlich getan, daß Sie gar so fuchtig sind auf ihn? Für die Clementine ist er doch eigentlich zu alt, nicht? Der Schöberl meint, wenn man einmal so in die Achtzig ist -«
»Votre Majesté«, unterbrach die Schwägerin. »Songez à la présence de l'enfant!«
Der Vater meldete sich. »Kannst den Franzl ja vielleicht um ein Glas Wasser schicken oder so«, riet er der Gattin stimmschwach und himmelblau, doch nahm man von ihm nicht Notiz.
Der Kaiser war ans Fenster getreten. »Also ein nationaler Märtyrer?«
Schwarzenberg war sehr rot, von früher noch. Clementine, dachte er - was wußte der Kaiser von der Clementine? Er rief nasal und so lebhaft, wie das die

Anwesenheit einer größeren Anzahl von Repräsentanten des Herrscherhauses gestattete: »Daß der Metternich den Kossuth herausgelassen hat - das ist, wenn ich es schon offen sagen muß, beinah ein Hochverrat. Der Kossuth ist der Gefährlichste von ihnen allen!«

»Na also«, sagte der Kaiser vom Fenster her leichthin. »Hat demnach der Schöberl doch wieder recht gehabt.« Er wandte sich nach der Tür, die in diesem Augenblick leise geöffnet wurde. »Ist es was Dringendes, Schöberl?«

Ein ältlicher Herr in schlicht grauem Anzug, der von ferne dem Durchlauchtigen selbst glich, trat künstlich gebrechlich auf ihn zu und beugte sich an sein Ohr. Der Kaiser wandte sich zu den anderen und sagte in Ungeduld und beinahe kurz angebunden: »Liebe Sophie, lieber Schwarzenberg - da muß eben was geschehen! Vor vierzehn Tag habts ihr wollen, daß ich den Metternich wegschick. Gut, erledigt. Aber eiserne Faust, das hätt er auch zusammengebracht, da hätt er nicht demissionieren müssen. Nein, ich bitte jetzt keine Widerrede, mein lieber Schwarzenberg. Ich bin der Kaiser! Vergessen das ziemlich oft in letzter Zeit.«

Auf halbem Weg nach der Tür hielt er inne und sagte eilig, doch freundlicher: »Was das Politische anbelangt mit den Ungarn - erledigts es halt, wie ihr wollt. Nicht wahr, Schwägerin? Ich muß leider weg, dringlichst. Grad mitten in so einem historischen Augenblick. Also, Sopherl, machst es aus mit dem Schwarzenberg, gelt? Und wenn du wirklich glaubst« - der Souverän stand da schon in der Tür und sprach von der Schwelle her -, »wenn du glaubst, man muß die Ungarn hinausschmeißen und die eiserne Faust zeigen oder so - ist mir schließlich auch recht. Freiheiten wollen s'! Da könnt ja ein jeder kommen. Also kurz: wie ihr glaubt. Die Hauptsache: es muß etwas geschehn. Entschuldigst mich schon - ich bin abberufen. Unaufschieblich!«

Der gütige Kaiser Ferdinand stand schon im Nebenraum, als er zu dem Graugewandeten sagte: »Denen hab ich's jetzt einmal gezeigt, was, Schöberl? Immer machen s' Schwierigkeiten - ich mag das nicht. Wer ist der Kaiser - ich oder die? Na also. Wo sitzen s' denn, die zwei? Warten s' schon lang? Nicht einmal zu seiner Tarockpartie kommt man zur rechten Zeit!«

Immer diese Politik. Und das Geistige? Die Kultur? Daß, wenn schon nicht alle, so doch die meisten Entdeckungen und Erfindungen jenes jungen neunzehnten Jahrhunderts der Welt selbstverständlich von Österreichern geschenkt worden sind - dafür war die schon erwähnte Patent-Wanzenfalle nur ein bescheidenes Beispiel. Die Ernennung zum Professor h. c. werde ich nie erlangen, wenn ich nicht wenigstens als Künder dieser Kulturgroßtaten meinen Mann stehe.
Jene Patent-Wanzenfalle zum Beispiel war dem österreichischen Erfindergeiste durchaus nicht genug. Gefangene Wanzen verkommen zu lassen, widerspräche der weithin berühmten österreichischen Sparsamkeit. Eine Meldung aus Wien! »Ein gewisser Geistlicher hat hier entdeckt, daß aus Wanzen eine sehr kostbare Farbe bereitet werden könne, und hat er eine Abhandlung über diese Wanzen herausgegeben.« Es handelt sich offenbar um das Wanzen-Braun, dessen Herstellungsgeheimnis und Verwendung im Jahrhundert darauf ein anderer Österreicher für seine SA reservierte. So greift das dort über lange Zeitläufte ineinander, als lebendige Tradition.

Tradition. In seinen »Traditionen« berichtet Friedrich Anton von Schönholz, der Causeur oder auch die Klatschbase der Jahre zwischen Maria Theresia und dem Gütigen Ferdinand, eine gewisse Staatsrätin, einst eine berühmte Schön-

Bereitung der kostbaren
Farbe Wanzen-Braun

heit, aber nun schon verblüht, habe wie alle Damen der großen Welt damals eine weiße, bleihaltige Schminke verwendet, ein gerade in der österreichischen Variante bedenkliches Kosmetikum. »Die schädlichen Wirkungen des Bleies für den Teint zu überkommen, legte man sich mit Masken von Leinwand zu Bett, die mit Froschlaich, Taubenkot, ja selbst menschlichem Sekretionsstoffe bestrichen waren, die Staatsrätin gab diesem letztgenannten Präservativ den Vorzug - aber umsonst! Es war deshalb, daß sie eines Tages die warmen Schwefelbäder der nahen Stadt Baden aufsuchte. Sie stieg ins Wasser, nicht bedenkend, was auch nur ein zufälliger Tropfen dieses Schwefelpfuhles für den gemalten Himmel ihres Antlitzes bedeuten mochte - und dazu war eben damals die Gewohnheit eingerissen, das Wasser mit der Hand quetschend Fontainen zu erzeugen und sich damit zu necken. Ein solcher Wasserstrahl streifte ihre Wange und bald darauf rief es: ›Madame, man hat einen Tintenfleck in Ihr Gesicht gesetzt - wischen Sie sich ab!‹ Die Unglückliche fährt sich mit der nassen Hand über das

Bleigeschminkte Staatsrätin besucht Schwefelbad

Gesicht - schallendes Gelächter! Die einer Ohnmacht Nahe nimmt Extrapost und kommt in Wien als Mohrin an. Den Schaden halbwegs zu tilgen, dauerte sechs Wochen. Seitdem trug sich die Staatsrätin nur in Orange. Es ist die Lieblingsfarbe aller zerstörten Teints und die Trauerfarbe der Äthyopier.«

Ein österreichisches Kosmetikum. Überhaupt hatten sie es mit der Chemie damals. Als Joseph der Zweite, »Volkes Kaiser« und echter Reformator, nach allzu kurzer Regierung starb, schrieben sowohl Trenck wie auch Bretschneider in ihren Memoiren, der »leichtlebige Herr« habe »aus Grundsatz mit gewöhnlichen Prostituierten verkehrt. Welchen üblen Einfluß diese Art, sich zu vergnügen, auf die Gesundheit des Monarchen gehabt hat, das ist in Wien jedermann bekannt.« Gegenstimmen behaupteten, er sei gar nicht an »jener Krankheit« gestorben, sondern am »Wiener Trankl«, das er gegen die Krankheit nahm.
Mit der Astronomie steht es sehr viel besser. »Man sieht hier ein Werk von 44 Blättern in Quart über das Geheimnis der Longitudine. Der Verfasser, ein Advokat, versichert darin, daß er nach langem Nachdenken die einzige Methode, die Longitudines zu Wasser und zu Lande auf das einfachste und doch genaueste zu wissen, ohne Zuflucht zu Finsternissen oder Uhren, erfunden habe. Er will aber mit der völligen Entdeckung nicht eher herausrücken, als bis er ein Honorar von 60 000 Gulden erhalten habe, und wenn dies nicht bald erfolgt, so soll das ganze wichtige Geheimnis ewig von ihm verschwiegen bleiben.« Ein Advokat, mit einem Wort. Darüber, ob ihm jemand das Geld gezahlt hat, kann ich nichts finden. Vielleicht ist es auf die Nichtzahlung dieser 60 000 zurückzuführen, daß man heute noch in jener Gegend nicht weiß, wo nun eigentlich wirklich der Längengrad oder Longitudine läuft, östlich dessen der Balkan anfängt.
Am fruchtbarsten vielleicht waren Österreicher beim Erfinden des Perpetuum Mobile. In dem Material, das ich kenne, wird es in Wien, Graz, Linz, Innsbruck siebzehnmal erfunden - in jedem Fall war die Kleinigkeit, die man übersah, das Phänomen, das der Fachmann die Reibung nennt. »Da wern ma schon keine Reibung haben«: eine österreichische Hoffnung. Patentanmeldungen für ein Perpetuum Mobile ohne weitere Prüfung abzulehnen - damit begann das österreichische Patentamt nicht unter den immer phantasiereichen Habsburgern, sondern erst in der bürgerlich-kleinlichen Republik.

Österreichische Erfindungen

Schönholz schreibt: »Wenn man jener erfindsamen Epoche gedenkt, darf man nicht des Mechanikus Mälzel vergessen. Er machte Kriegsmusikmaschinen, so groß wie ein kleines Haus, darin sechzehn Trompeten, Pauken und viele Trommeln neben einigen schießenden Kanonen arbeiteten. In seinem Hause befand sich ferner seine Sprechmaschine und seine schreibende mechanische Hand. Wer ein musikalisch gebildetes Ohr mit sich führte, war alsbald der Verzweiflung geweiht: allenthalben Glocken- und Flötenspiel, auf der Straße, beim Traiteur, im Kaffeehaus. Kaum war man irgendwo zu Besuch eingetreten, klappte irgendwo eine Feder: die Ouvertüre zur »Zauberflöte« oder dergleichen begann und zugleich ein Loblied des Eigentümers auf sein Spielwerk. Mälzel machte sich auch durch seine mechanischen Füße um die Krüppel verdient und veranstaltete eine mechanische Aufführung von Haydns »Jahreszeiten« in einem landschaftlich dekorierten Saal, der sich viermal verwandelte; beim Sommer fiel Regen von der Decke, mit Donner und vielen Blitzen, im Winter schneite es, und eine Lawine verschlang eine Alpenhütte.
Bald wollte alle Welt ohne Pferd fahren, denn der Krieg hatte das Heu teuer gemacht; einer um den andern erfand einen selbstlaufenden Wagen, so daß die Leichtgläubigen eine Revolution der Postbeförderung und alle Landstraßen bergauf, bergab mit solchen zwecklosen Maschinen bedeckt sahen. Seither sind wir dreißig Jahre älter geworden, ohne daß etwas dergleichen geschah, und doch sagen sie jetzt schon: in dreißig Jahren fahren wir vielleicht in die Luft! Der Glaube an das Gelingen der Luftschiffahrt ist in der Tat der unverwüstlichste Aberglaube! Erst vor zehn Jahren erklärte wieder ein Doktor Weinholz, wie er nächstens auf einer Dampf hinter sich ausströmenden Flugmaschine in der Luft so fahren würde wie Fuhrleute auf Erden - und was ist daraus geworden? Nichts! Da lobt man sich die hierzuland erfundenen Apparate zur Unterdrükkung der Cholera und zur Besserung des Wetters; denn mögen sie auch nicht funktionieren, so war doch die Absicht der Erfinder eine edle und patriotische.«

Ganz anders als die Konkurrenz-Erfindungen in Paris, von denen dieser Freiherr von Schönholz wenig hält. Wie von dieser: *Vossische Zeitung,* aus Paris, den 4. Februar 1791: »Es wurden Kommissarien ernannt, um eine Maschine des Herrn Truville zu untersuchen und, wenn tauglich befunden, für die Nation zu erwerben, mit der man die Flüsse auf die Berge leiten und das Weltmeer ausschöpfen will.«

Wie Schönholz es sah - so sah das Österreich jener Zeit von innen aus. Wie sah es von außen aus? Dafür gibt es ein wertvolles Dokument: *The Tales of Peter Parley about Europe,* erschienen in Boston im Jahr 1828. »Parley goes to Vienna«, ist der Abschnitt des Weltreise-Berichtes überschrieben - er wird hier zum erstenmal ins Deutsche übersetzt.

»Nach einer Woche in Berlin begaben wir uns, Jenkins und ich, nach Wien, der größten Stadt in Deutschland. Wir fanden die Gastwirtschaften in Deutschland sehr sonderbar. Sie sind wie große Ställe, in denen, neben den Reisenden, auch Pferde, Kühe, Esel und Schweine ihre Räume haben. Oft wurde ich in diesen Tavernen vom Wiehern eines Pferdes oder dem Schreien eines Esels aus dem Nebenraum aus dem Schlaf geweckt, dann quietschte ein Schwein, dann muhte eine Kuh. Jenkins machte das mitunter ein wenig ungeduldig, er rief den Tieren zu, sie sollten still sein, aber je mehr er rief, desto lauter wurden sie.

In den Wäldern Deutschlands gibt es viele wilde Eber, riesige böse Tiere mit langen gefährlichen Hauern. Eines Tages, kurz vor unserer Ankunft in Wien, durchquerten Jenkins und ich einen Wald, da rannte uns ein enormer wilder Eber mit Schaum vor dem Maul über den Weg, verfolgt von einem Dutzend wild bellender Hunde, dann kamen mehrere Gentlemen zu Pferde. Der Eber wurde von den Hunden eingeholt, schüttelte sie aber ab und tötete zwei mit seinen Hauern. Da sprang einer der Reiter vom Pferd und stellte sich in der Nähe auf, da sah ihn der Eber und fiel ihn an, aber nun stieß ihm der geschickte Jäger seinen Spieß in den Nacken. Der Eber spuckte Blut und fiel tot zu Boden. Wir alle rannten hin, und wie groß war unsere Verblüffung, als wir erfuhren, daß der Jäger der Kaiser von Deutschland war! Es ist sehr gefährlich, solch ein wildes Tier zu attackieren!

Zwei Tage später kamen wir in Wien an. Es ist die größte Stadt Deutschlands und liegt an der Donau, einem der größten Flüsse, die Stadt ist viel größer als irgendeine Stadt in den Vereinigten Staaten.

Die Leute in Wien lieben die Vergnügungen sehr und keine Stadt hat davon eine größere Vielfalt. Wenn im Winter die Donau gefroren ist, fahren auf ihr die Damen in schönen kleinen Schlitten, von denen manche wie Löwen oder Tiger aussehen, andere wie Muscheln oder Schwäne, und die Damen tragen Pelze und großartige Hüte und Juwelen. Gezogen wird so ein Schlitten entweder von einem Pferd oder von einem mit Bändern und kleinen Glocken geschmückten Hirsch!

Bei Wien liegt ein schöner Wald, in den im Sommer viele Tausende gehen, um sich zu unterhalten. Manche sitzen unter den Bäumen und trinken Limonade, andere tanzen oder lauschen einem Musikanten. Kinder führen Affen umher, die als Soldaten verkleidet sind und auch tanzen können, Gaukler machen Omeletten in ihren Hüten, Seiltänzer essen, trinken, tanzen auf ihrem Seil in der Luft.

Deutschland ist sehr groß und hat dreimal soviel Einwohner wie die Vereinigten Staaten, und außer Wien noch viel andere große Städte, über die ich aber jetzt nicht sprechen will. Von den Einwohnern sind manche fleißig, manche aber sehr faul. Sie sind geschickte Manufakturisten von Uhren jeder Art sowie von Kinderspielzeug. Wir sahen eine sonderbare Maschine, die ein Dorf darstellte, Männer und Frauen in ihm waren fünf Zentimeter groß und konnten gehen oder auf Pferden reiten, arbeiten oder tanzen, und eine Kompanie Soldaten mit einem Trommler marschierte gleichzeitig in dieser Maschine auf und ab!

Auch die sogenannten Zigeuner sahen wir in Deutschland in Menge. Sie sind wie unsere Indianer in Amerika.

Dann reisten wir weiter in die Türkei.«

Österreichische Schnörkel, diese Erfindungen und Entdeckungen und Reiseberichte - aber in ihnen schlägt das Herz der Zeit. Sie war alles andere als idyllisch - wenn man sie politisch betrachtete. Peter Parleys Besuch in Wien lag bloß zwanzig Jahre vor dem Hinauswurf der Delegierten Kossuths durch den gütigen Kaiser Ferdinand (nein, durch die Erzherzogin Kamarilla natürlich) - und dieser geschah zumitten gesamteuropäischen Durcheinanders. Ein leider anonymer Geschichtsschreiber sah es zehn Jahre später so:

»In unserem großen, unter seinem Monarchen glücklichen Vaterlande verbreitete sich der Geist einer durch nichts berechtigten Unruhe, ja Opposition gegen das angestammte Herrscherhaus und entblödete sich nicht, es durch allerlei Forderungen und Beschwerden zu incommodieren. Im Böhmischen sammelten sich literarische Zirkel zur Anstachelung der tschechisch-nationalen Elemente in der unruhigen Bevölkerung, und auch in Ungarn fanden die Liberalen bald den Anstoß für eine nationalgesinnte Hetze gegen den weithin beliebten Erzherzog-Palatinus Joseph. Auch unter den Polen begann der Aufstand zu schwelen, welcher gleichzeitig im Italienischen schon zur nackten Revolution gediehen war - angefacht von Paris herüber durch die dortige Revolution, welche im Februar 1848 die Grundfesten unseres Continents erschüttern sollte. So entstand auch in Wien eine Volksbewegung, am 13. März, der gegenüber Seine Majestät Seinem Militär einen bloß geringen Widerstand aufzuerlegen geruhte. Auch Bürgerbewaffnung und eine Befreiung der Presse wurden von Seiner Kaiserl. Majestät gewährt, ja sogar die Einberufung einer Beratenden Versammlung aus allen Teilen der Monarchie geruhte Er zu verheißen. Selbst der Forderung der Aufwiegler nach einem eigenständigen Ungarischen Ministerium stimmte Er zu. Aber vergebens! Am 15. Mai brach in Wien die Volksherrschaft aus, sowie auch in Prag, wo Fürst Windischgrätz die slawischen Illusionen mit strenger Gerechtigkeit, wenn auch nicht ohne ihm aufgezwungenes Blutvergießen, auf patriotische Bahnen zurücklenkte. Auch in Italien sicherte Feldmarschall Radetzky die kaiserliche Herrschaft über die Lombardei. In Ungarn jedoch weitete sich das Revolutionsgemälde zum Bürgerkrieg. Die Kroaten weigerten sich mit Waffengewalt, sich einer etwaigen Magyarenherrschaft unter dem selbsternannten Gouverneur-Präsidenten Kossuth zu unterwerfen, und zwar kam es beim Abmarsch der den Kroaten zu Hilfe eilenden Kaiserl. Armee aus Wien dortselbst im Oktober noch einmal zu einem furchtbaren Aufstande, welcher mit strengsten militärischen Maßnahmen einschließlich der standgerichtlichen Erschießung des Rädelsführers Robert Blum samt seinen Complicen gedämpft sein wollte, aber es ging von nun an aufwärts, und als der russische Zar seinem österreichischen Brudermonarchen eine Armee zu Hilfe sandte, um die noch immer unter Kossuth weiterkämpfenden Magyaren zur Vernunft zu bringen, drückte dieser dreiseitige Angriff auf dieselben der Situation das Siegel des Sieges auf. Die kapitulierenden Ungarn behandelte man als ein unterworfenes Land, die in Arad gefangenen Offiziere wurden mit blutiger Gerechtigkeit in großer Zahl füsiliert; ganz ohne dazu genötigt zu sein, dankte der gütige Ferdinand ab und überließ seinem jugendlichen Neffen Franz Joseph dem Ersten, unserer gegenwärtigen Majestät, die Bürde des nunmehr doppelt gefestigten Kaiserthrons.«

So einfach war das. Das war 1848 in Österreich.

Als dieser selbe Franz Joseph von 1848 im Jahr 1914 die Kriegserklärung gegen Serbien unterschrieb und damit den ersten Weltkrieg entfesselte, sagte auch er: »Mir bleibt doch nichts erspart.« Tatsächlich war die Niederwerfung aller Rebellen im Jahr 1848 der letzte Scheinsieg der Habsburger. Von da an bröckelte es an allen Ecken. Die Nationalversammlung in Frankfurt steuerte auf einen Staatenbund unter der Führung Preußens hin - das wurde knapp noch vereitelt. Die im Revolutionsjahr konzedierten Grundrechte wurden wieder aufgehoben, die Schwurgerichte beseitigt, die Provinzverwaltung wurde beratenden Ausschüssen aus Erbadel und Großgrundbesitzern unterstellt, die letzten josephinischen Reformen radierte Franz Joseph aus und schloß ein Konkordat mit dem Papst. Aber 1866 führte ein kleiner Krieg mit den Preußen zur Pleite von Königgrätz. Die Österreicher hatten zweifellos die buntere Kavallerie, aber die Reichsdeutschen schossen mit neuerfundenen Hinterlader-Zündnadelgewehren, die Stimme meines Geschichtslehrers zitterte, wann immer er auf diese echt piefkische Perfidie zu sprechen kam. Und noch in diesen selben Sechzigerjahren meldeten sich schon wieder die Ungarn und setzten eine Umwandlung der magyarischen Lande samt slawischen Hintersassen in eine gleichberechtigte ungarische Hälfte des Habsburgerreiches durch - der zigeunerromantische Graf Andrassy setzte es durch, nicht beim Kaiser sondern bei der Kaiserin, Elisabeth hieß sie, eine viel alleingelassene schöne Frau, ein Italiener ermordete sie nicht lang nachher in Genf.

Diesem Franz Joseph blieb tatsächlich nichts erspart. Sein Bruder Maximilian wollte die Mexikaner mit einem Habsburgerkaiser beglücken - die Mexikaner erschossen ihn. Sein Sohn und Kronprinz Rudolph, dem er die Mariage mit einer gewöhnlichen Gräfin Vetsera verbot, tötete sie und sich - in der Geschichte der Filmbranche findet man den Vorgang unter dem Namen »Mayerling«. Zum Thronfolger rückte dadurch ein ungeliebter Neffe auf, namens Franz Ferdinand, tschechisch gesinnt, mit einer Tschechin verheiratet - als die Serben die

Der romantische Graf Andrassy und die Kaiserin

beiden 1914 in Sarajewo ermordeten, war das einerseits eine Erleichterung, andererseits ließ es sich nicht umgehen: Kriegserklärung, »mir bleibt doch nichts erspart«, beziehungsweise »das habe ich nicht gewollt«. Dieser Krieg sollte eigentlich zwei Wochen dauern - er dauerte länger.

Übrigens: den Franz Joseph erlebte ich noch selbst. 1907 etwa, ich war ein kleiner Bub, hat dieser Franz Joseph meinen Vater zu Seinem Kaiserlichen Rat ernannt - in der österreichischen Tradition, mein Vater hatte den Kaiser so sehr zu beraten wie die derzeit in jenem Land grassierenden Professoren sich mit der Aufzucht und Belehrung der dortigen akademischen Jugend beschäftigen. Aber jene Ernennung beglückte meine Mutter ganz ungemein, sie war eine Patriotin, nichts Habsburgisches war ihr fremd. Hätte man sie aus dem Schlaf geweckt und nach den acht Vornamen der zwölften Tochter der vierzehntletzten

Erzherzogin gefragt - sie hätte nicht nur diese Namen gewußt, sondern den ganzen Stammbaum der betreffenden Nebenlinie aufsagen können, auch von hinten nach vorne. Und auch mir imponierte diese Ernennung über die Maßen. Wie da mein Vater um zehn Uhr morgens, gekleidet in einen extra für die Gelegenheit angefertigten Frack, in einen gemieteten Fiaker stieg, um sich den ganzen langen Weg nach dem Schloß Schönbrunn hinauskutschieren zu lassen und dort, davon war ich überzeugt, den Kaiser in hochwichtigen Angelegenheiten zu beraten: das gehört zu meinem stolzesten Besitz an unauslöschlichen Kindheitserinnerungen. Einschließlich des Berichts meines Vaters über diese seine erste (und natürlich letzte) Audienz - die Entourage des Souverains hatte ihn dort zunächst mit dem türkischen Botschafter verwechselt, das war sein diskreter Stolz. Obgleich er ein Sozialdemokrat war - nein, natürlich weil er ein

Vater des Autors fährt den Kaiser beraten

Sozialdemokrat war, Mitbegründer der sozialdemokratischen Partei Österreichs und zugleich Bankdirektor, so war das in Österreich.
Es war eine heile Zeit, so schien es nicht nur einem Knaben. Zu dieser selben Zeit gab es in dieser selben Stadt in einem Nachtasyl einen Anstreicher und Bauhilfsarbeiter namens A. Hitler, eben bereitete er seinen heimlichen Umzug nach München vor, um der österreichischen Militärdienstpflicht zu entgehen, aber das interessierte damals, und für eine gute Weile nachher, noch niemanden.
Franz Joseph der Erste und Letzte starb 1916, mitten im ersten Weltkrieg, der wurde dann noch von Karl dem Letzten, dem Allerletzten, durch zwei Jahre weitergeführt - dann kam schon, aus der großen Pleite geboren, die österreichische Republik.
Was war da geschehen? Es war tatsächlich so, daß - »tu felix Austria nube« - die Heiraterei in diesem letzten halben Jahrtausend mit sehr viel größerem Erfolg betrieben worden war als das Soldatenspielen samt Heldentod. Um den Heldentod haben sich die Österreicher vernünftigerweise nie sehr gerissen - jedenfalls nicht die Wiener, ihr Hausregiment, »Hoch- und Deutschmeister Nummer vier«, war sicher schneidig, aber vor allem »fesch«. Anders stand es in der Provinz, bei den »Tiroler Kaiserjägern« etwa, dort fanden sich steile Charaktere, wie sie zum Hochgebirg passen, aber im flachen Österreich waren die Steilen doch eher in der Minderheit. Die besonnene Majorität überwachte vielleicht doch lieber in Offiziers- oder wenigstens Unteroffiziersuniform den Heldentod ihrer fremdsprachigen Hintersassen - und wer würfe den ersten Stein auf sie?
Natürlich gab es auch so keinen besseren Krieg, in den Österreich nicht verwickelt gewesen wäre, aber die paar wirklich erfolgreichen waren ein Kompaniegeschäft - jene Siege über die an sich schon schwer angeschlagenen Türken etwa, wer half da nicht alles mit? Oder auch bei der endlichen Niederwerfung Napoleons. Selbst bei einer so internen Sache wie Kossuths ungarischer Revolution im Jahr 1848 gab es ja erst Resultate, als der russische Zar zu Hilfe kam.

»Mama, hat die Kaiserin auch einen Popo?«

Nun ist derlei zwar höchst vernünftig, aber es fördert den Größenwahn - gar wenn man ohnedies an einer Hausse in Begabungen leidet, unter denen die, es sich leicht zu machen, weitaus die größte ist. Diese deutschen Österreicher waren ein Herrenvolk, nur eben auf österreichische Weise, sozusagen im Walzertakt. Im Walzertakt - aber, wo immer sie glaubten, es sich leisten zu können, durchaus nicht unbrutal. Was zur Pleite führte, war: sie leisteten es sich zu lang. Unter den Hintersassen, wir wissen es, entzogen sich nur die Ungarn diesem lässig brutalen Griff, zwei Jahrzehnte nach Kossuth, auf die ungarische Manier jenes Grafen Andrassy. (Seine Kaiserin, Elisabeth, war jene Majestätische mit der hohen Zopffrisur, von der meine Mutter mir, dem Kind, gegenüber behauptete, sie habe keinen Popo. »Mama, hat auch sie einen?« fragte ich, und sie sagte mit großer Strenge: »Nein!«)
Mit oder ohne - die Gleichberechtigung der Ungarn mit den Österreichern innerhalb der Monarchie setzte sie also damals bei Franz Joseph durch. Auch diese Ungarn hatten gegenüber ihren eigenen Hintersassen eine Herrenmenschenbegabung. Im Rahmen des Gesamtbereiches der Habsburger waren sie Herrenmenschen zweiter Güte, gewiß, die Österreicher blickten noch immer auf sie herab, aber wirklich kujonieren konnten sie von da ab nur mehr die Böhmen, Mährer, Galizianer, Bukowinesen, Bosniaken, Herzegowiner, Dalmatiner und Italiener in Südtirol. (Die Juden - das ist ein Kapitel für sich, von den Juden wird noch später zu sprechen sein.) Und selbst in diesem reduzierten Machtbereich (Slowaken, Slowenen, siebenbürgische Rumänen und Schwaben und Banater Serben waren an die Ungarn verloren), selbst in diesem beklagenswert reduzierten deutschösterreichischen Machtbereich rieselte es weiter im Gemäuer, schon bevor 1914 kam.

Jene oberste Instanz scheint tatsächlich zunächst einmal mit Blindheit zu schlagen, wen sie verderben will. Daß der deutsche Kaiser in Nibelungentreue mitmachte, verstand sich von selbst. Der Krieg lag in der Luft. Daß gerade

Wilhelm II. in nibelungentreuem Zustand

Österreich ihn erklärte, war ein tragischer Schicksalswitz. So ernst hatte Österreich die Sache gar nicht gemeint. Ohne die Nibelungentreue Wilhelms des Zweiten wäre es ausgestiegen, sowie es erkannte, daß das mehr als ein Spaziergang nach Belgrad war. Als es schließlich wirklich auszusteigen versuchte, war es schon zu spät. So schlitterte man, so tanzte man im Walzertakt in einen Weltkrieg.

Der Kehraus, 1918, Revolution in Wien - und zum Ausrufen der Republik, zum Habsburgerstürzen, war ich damals eben im richtigen Alter. Nebenberuflich war ich Medizinstudent - hauptberuflich war ich Revolutionär. Auch zu den Intellektuellen gehörte ich damals noch, Egon Erwin Kisch führte unser Bataillon - er war der älteste unter uns und hatte militärische Erfahrung, er war im Kriegspressequartier gewesen. Stalin hatte wenige Jahre zuvor den Postwagen eines georgischen Eisenbahnzuges gestürmt - wir stürmten den Wiener Bankverein. Franz Werfel repräsentierte den rechten Flügel, mit einem andern Dichter namens Krzysanowsky, einem liebenswerten Mann, der später verhungert ist, und mit einem Verkäufer von Herrenhemden. Ich war zu jener Zeit ein Sportsmann, man sieht es mir leider nicht mehr an, aber zu dauernder Dokumentation klebe ich heute noch im Familien-Fotoalbum als linker Verteidiger der österreichischen Wasserball-Nationalmannschaft; und daß das in jenen Kriegsläuften nicht viel bedeutete, da jeder bessere Sportsmann im Felde stand, davon ist diesem Foto nichts anzusehen. Jedenfalls - unter uns literarischen Habsburgerstürzern war ich an jenem Novembertag 1918 weitaus der kräftigste. Doch hatte ich eigentlich beschlossen, lieber Pazifist zu werden, die Erstürmung des Bankvereins sollte meine letzte revolutionäre Tat sein - Banken, Bankdirektoren, nicht wahr, es war eine Art Ödipuskomplex.

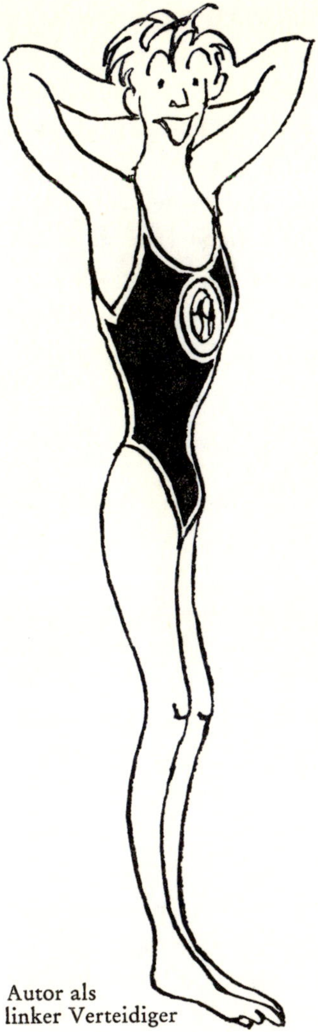

Autor als
linker Verteidiger

Darum vertraute Genosse Kisch mir nur noch die Nachhut an. Ich sollte der Offensive den Rücken decken, und als Deckung für diese Dekkung wählte ich eine strategisch placierte Bedürfnisanstalt auf dem Votivplatz. Er wurde bald darauf umgetauft in Heldenplatz, glaube ich. (Nach mir!) Dabei hatte ich wieder einmal Pech. Der Angriff der Aktivisten vorn wurde zwar abgeschlagen, aber doch blutlos - Kisch und Werfel kamen nicht weiter, die kapitalistische Hochburg hatte unzarterweise das Tor gesperrt, auch die Kriegslist, der Hemdenverkäufer wolle den Herren dort drinnen bloß seine Muster zeigen, wurde kalt lächelnd abgewehrt.

Immerhin - blutlos. Nur gerade in dem von mir kommandierten Sektor wurde es ernst. Ein Schuß! Daß es ein geplatzter Autoreifen gewesen sei, war eine Verleumdung. Auch daß ich daraufhin in jene Anstalt flüchtete, war eine Verleumdung: ich verweise auf die Verbatim-Protokolle des Revolutionären Kriegstribunals, aus denen klar hervorgeht, daß ich im Augenblick des Platzens, ich meine natürlich des Schusses, schon in der Anstalt war - aus Gründen, die als Feigheit vor dem Klassenfeind zu bezeichnen durchaus nicht angeht.

Daß ich mich dort drinnen auf den Schuß hin -

es *war* ein Schuß - zu Boden warf, wurde mir als felddienstmäßig korrekt vom Revolutionären Tribunal attestiert. Auch stand ich sofort wieder auf und rief »Hoch«, als ein paar Augenblicke später ein ebenfalls nicht zu revolutionären Zwecken eintretender Herr die Nachricht brachte, die Monarchie sei inzwischen an anderer Stelle gestürzt, die Republik sei ausgerufen worden. Warum also beginnt mit dieser Tat mein Geheimdossier bei der Kommunistischen Internationale, ein Dossier, das ich nur durch eine Indiskretion im vorigen Jahr zu Gesicht bekam? (Der amerikanische Geheimdienst hatte sich eine Fotokopie schon ein paar Jahre vorher beschafft.) Und warum kreidet man mir nun eine und dieselbe Tat in beiden Archiven an?

Was bedeutete es für den Ex-Herrenmenschen, der nun die jahrhundertealte Zeche bezahlen sollte - alliiertenlos, hintersassenlos, mittellos, ein Kridatar aus einer Nestroy-Komödie? Jener Karl der Unentschlossene, der nach Franz Josephs Tod für zwei Jahre Österreichs letzter Kaiser war, hatte sich wenigstens über den Ausgang des töricht großmannssüchtig begonnenen, von einem zerfallenden Nationalitätenstaat von Anfang an nie zu gewinnenden Krieges keine Illusionen gemacht, aber seine Versuche, im letzten Augenblick vielleicht doch noch aus der talwärts polternden Karre zu springen, waren dilettantisch und chancenlos. Als wir ihn stürzten, floh er mit Kind und Kegel, mit seiner Entourage und den weltberühmten Habsburgerjuwelen in die Schweiz.
Diese Juwelen hatten dann noch ihre Geschichte. Sie wurden hart umkämpft. Schließlich übergab sie Karl Stück um Stück dem Juwelier Alfons Sondheimer - für treue Dienste versetzte er ihn dann im Schweizer Exil zwischen Tür und Angel in den österreichischen Adelsstand. Alphonse de Sondheimer also - seine Erinnerungen übergab er mir im Jahr 1938 in London in Form eines Promemoria. Österreichischerweise, und weil das doch auch meine eigene Exilzeit war, wurde das Manuskript mit anderen Papieren auf dem Dachboden meines englischen Hauses verlegt - erst vor ein paar Jahren kam es wieder zum Vorschein.
Zitat: »Als ich schließlich das Gespräch zur Sache brachte und nach der Höhe

des Totalobjektes des Habsburgerschmuckes fragte, antwortete er mir: Sind Sie in der Lage, ein Objekt von 15 bis 18 Millionen Schweizerfranken zu kaufen? - Ich erklärte ohne weiteres: Ja! indem ich mir sagte, erstens wird aus der ganzen Angelegenheit ohnehin nichts, und zweitens, wenn aus ihr trotzdem etwas wird, woher nehme ich 15 bis 18 Millionen Franken?«

Zweites Zitat: »Das nächste Stück, das der Sekretär mir brachte, war die sogenannte Kleine Sevigné mit den weltberühmten Rosa Brillanttropfen. Die Fassung war unerhört gut. Ich plädierte lange vergeblich, ob man wirklich darauf bestehe, daß die Steine ausgebrochen werden müßten wie bei den anderen Stükken, aber man bestand darauf. Ich hatte einen kleinen Goldschmied gefunden, der gegenüber meinem Zimmer seine Uhrmacherwerkstatt hatte. Ich rief ihn herüber, er hatte keine Ahnung, um was es sich handelte, nahm aber zuerst den mittleren Stein im Beisein des Sekretärs heraus, diesen großen roten Tropfen, indem er die hinter den Steinen geschlossenen Silberteile zersägte. Um diese berühmtesten Habsburger-Steine von Schmutz, Staub und Fett, die sich in den Jahrhunderten angesetzt hatten, zu reinigen, wurden sie in üblicher Weise in ein kleines Gefäß mit vollständig reinem Benzin gelegt. Wer aber beschreibt unser Entsetzen, als sich dieses farblose Benzin intensiv rosa und immer stärker rosa färbte! Wir nahmen die Steine sofort heraus und trockneten sie ab. Da waren es nicht mehr die weltberühmten rosa Brillanten, vor denen eine ehrfürchtige Menge jahrhundertelang in der Wiener Hofburg staunend stillgestanden, sondern es waren zwei große, vollständig mißfarbene Brillanten, die fast wertlos waren! Die Fassung, eng von hinten an die Brillanten angeschmiegt, war von unbekannter Künstlerhand meisterhaft mit einer rosa Farbe bedeckt worden, die den Jahrhunderten standgehalten und die gewiegtesten Kenner getäuscht hatte. Ich konnte dem Kaiser nur ein sehr geringes Angebot für die Steine schicken, aber zu meinem größten Erstaunen bedeutete er mir am nächsten Tag ohne weiteres sein Einverständnis mit meinem Preis, so daß ich nun doch Bedenken bekam, ob nicht doch die rosa Färbung von den Habsburgern in einem vertrauten Büchlein notiert gewesen war. Es war die Zerstörung einer Historie, aber ich sprach zu keinem Menschen darüber, obzwar bis zum heutigen Tage im internationalen Juwelenhandel mit Schmerzen vom rätselhaften Verschwinden der weltberühmten rosa Diamanten der Habsburger die Rede ist.«

Nebenbei: ein halbes Jahr, bevor dieser letzte Habsburger all jenen Schmuck auf die Flucht ins Ausland mitnahm, erließ er ein Gesetz, das jedermann, also auch ihm selbst, bei hoher Strafe verbot, irgendwelchen Schmuck - »auch nicht wie bisher bis zum Wert von 200 Kronen« - ins Ausland mitzunehmen.

Und dazu drittes und letztes Zitat: »Es sind später, nach dem bald darauf erfolgten Hinscheiden des Kaisers, seitens seiner Anhänger zahlreiche Anregungen an den Vatikan gelangt, ihn seiner Frömmigkeit, seiner Gutartigkeit und der vielen Leiden wegen, die er erdulden mußte, zunächst selig- und dann heiligzusprechen. Dann aber wurden doch Bedenken gegen seines Hauses und des Hauses Bourbon Religiosität laut und man hörte nichts mehr von den Bestrebungen, ihn den siebentausend Heiligen der katholischen Kirche anzureihen.«

Dank von Rom! Sie haben dort kein Herz für nicht mehr regierende Habsburger. Aber Habsburg-Fans gibt es noch heute in Österreich. Nach Bezwingung des erbitterten Scheinwiderstandes der Sozialdemokraten hob man vor ein paar Jahren das Einreiseverbot für Habsburger wieder auf. Der Sohn jenes Karl, Otto heißt er - »sehr ein gebildeter Mensch«, versicherte man mir unlängst in Wien -, dieser Otto also lebt irgendwo in Bayern und macht über Neben-Grenzstationen gelegentlich unangesagte Tagesausflüge ins Erbland, von alpiner Bevölkerung erkannt und devot begrüßt, er ist Ehrenbürger von nahezu zweitausend Bergdörfern der mehr hinten gelegenen Täler im Land Tirol.

Dazu nur noch: Das durch Zerbrechen und Verscherbeln der Juwelen herangeschaffte Geld verwendete Karl der Letzte, der ja nun leider vom Papst doch

nicht taxfrei mit dem Titel und Rang eines Heiligen Honorierte, durchaus nicht einfach für das eigene Wohlergehen. Ein Teil des Geldes ging drauf, da er natürlich bei den Verkäufen übers Ohr gehauen wurde - nicht von Sondheimer, laut Sondheimer, sondern von Sondheimers unlauterer Konkurrenz. Einen anderen Teil verwendete der letzte Kaiser in seinem Edelmut für Milchtransporte nach Wien, zum Wohl darbender Kinder. Zwei weitere Teile finanzierten seine zwei Restaurations-Putschversuche - er fuhr mit kleiner Entourage nach Ungarn, erreichte aber nur je einen Provinzbahnhof, auf dem er von seinem getreuen Ex-Admiral Horthy samt bewaffneter Macht und jubelnder Populace empfangen zu werden rechnete. Aber er hatte die Rechnung ohne den Admiral gemacht, der hatte inzwischen in Ungarn ein fesches faschistisches Regime installiert und dachte nicht daran, den abgesetzten Habsburger wieder dranzulassen, er plante damals die Gründung einer eigenen Dynastie, den unwillkommenen Besucher komplimentierte er untertänigst wieder zum Land hinaus.
Und der letzte Teil des Juwelengeldes wurde ohne Wissen des exilierten Kaisers von drei besonders kaisertreuen Mitgliedern seiner Entourage temporär entlehnt. Sie fuhren damit klammheimlich nach Monte Carlo. Jemand hatte ihnen ein untrüglich wirksames Spielsystem verkauft, sie wollten Glück und Macht der Habsburger wiederherstellen, indem sie dem Monarchen all die mit Hilfe des heimlich Entlehnten gewonnenen Millionen zu Füßen legten - und erst als das System sich im Kasino tragischerweise als unwirksam erwies und der letzte Franken verloren war, fuhren sie zu Seiner Majestät zurück. Mit schmerzlicher Miene vergab ihnen der Kaiser die hochpatriotische Eskapade.

Falsches System führt zu Habsburgerpleite

Soviel, sowenig darüber, was seit 1918 aus der Dynastie und den Monarchisten geworden ist. Heute riefe wohl nur eine weltweite Reaktion, nach einer weltweiten Katastrophe, die Habsburger auf den österreichischen Thron zurück.
Ungleich weniger harmlos, nicht nur für Österreich, wurde eine andere Spielart der Gesinnung in der österreichischen Provinz, die nie habsburgisch sondern nun schon seit hundert Jahren »großdeutsch« gewesen war und natürlich aus dem Trauma von 1918 einen besondern Impuls bekam. Von diesen ressentimentgeladenen Pangermanen muß später leider noch einmal ausführlich die Rede sein, wenn die Zeit zwischen 33 und 45 unösterreichisch-taktloserweise erwähnt sein will - ein unpatriotischer Akt, der an sich schon genügt, mich für die Anwartschaft auf einen Professorentitel zu disqualifizieren.
Diese Provinz-Germanen waren nach 1918 für den Anschluß der deutschösterreichischen Republik an die »Reichsdeutschen« - unterstützt genialerweise von wem? Nur ein Nichtkenner der Zweiten Internationale könnte vermuten, daß die beste Stütze der Heim-ins-Reichler nach 1918 jemand anderer gewesen sein könnte als die Österreichische Sozialdemokratische Partei, die SPÖ.
Als am 12. November 1918 in Wien die Republik ausgerufen wurde, hieß es zunächst noch in Artikel 2 des Gesetzes über die Staats- und Regierungsform: »Deutsch-Österreich ist ein Bestandteil der Deutschen Republik.« (Mein Vater hatte dort nichts mehr zu bestellen.)

Anti-Anschluß blieben damals nur die pro-habsburgischen, katholischen, kirchturmpolitischen, wacker reaktionären Groß- und Kleinbürger der Christlichsozialen Partei. Angestellte machten ihre Mitgliedschaft aus, der in Wien gefürchtete, fast-allmächtige Portier der elenden Mietskasernen des kleinen Volks, »Hausmeister« genannt, ein wahrer Zerberus, um zehn Uhr sperrte er als exklusiver Schlüsselbesitzer das Haustor zu, späterkommende Einlaß-Bittsteller hatten ihn zu wecken, das kostete soundsoviel, und das Mitnehmen einer Dame kam nicht in Frage, überdies war er der Vertraute der Polizei.

Der große Mann der Christlichsozialen, der Gott der Hausmeister und sonstigen Kleinbürger, hieß Dr. Karl Lueger, Bürgermeister von Wien. Er starb 1910 - ein Antisemit, gewiß, aber auf eine liberale, österreichische Manier. »Wer ein Jud ist, bestimme ich«, sagte er, und er meinte nicht den Herrn Großkaufmann, der für seine Parteikasse spendete, noch den Herrn Bankier, der vom gütigen Kaiser Franz Joseph (wieder gegen andere Spenden, für einen mehr öffentlichen Zweck) in den erblichen Adelsstand erhoben worden war. Die er meinte, waren die Armen, Zuwanderer aus dem Osten zumeist, sie wohnten in der Leopoldstadt von Wien auf der Insel zwischen Donaukanal und Donaustrom, viele trugen noch Schläfenlocken und Kaftan, die meisten waren orthodox.

Legten sie Schläfenlocken, Orthodoxie und Kaftan ab und zogen um, über den Kanal in die Geschäfts- und Handwerkerdistrikte der großen Stadt, so blieben sie für Lueger immer noch Juden - die jüdische Schmutzkonkurrenz für seine ebenfalls Handel und Gewerbe treibende bodenständige Wählerschaft. (Nur die paar, die sich taufen ließen und dazu noch etwas für die katholische Kirche spendeten, waren dann jedenfalls den jüdischen Makel los.)

Die jüdischsten Juden aber waren für den Doktor Lueger die, die - getauft oder nicht - sich zu den Sozialdemokraten schlugen und sich bei denen womöglich noch in den Vordergrund drängelten. Am problematischsten blieben natürlich Leute wie mein Vater - einerseits Bankdirektor, also ein besserer Mensch, kein

Jud, und andererseits ein »Sozi« und prominent dazu, also ein Jud zur dritten Potenz. Oft trat man vertraulich an ihn heran, sich doch wenigstens taufen zu lassen - da wär er die ganze Schande los. So wenig streng waren dort die Bräuche - damals noch.

Zu meinem Vater und der Familiengeschichte nur noch dies. Ich habe seine Ahnen sehr weit zurückverfolgt. Ihre Geschichte ist so wild bewegt wie die fast aller Juden und gehört nicht hierher - bis auf meinen Ahnen Schlojme, Sohn meines Ahnen Meier Josselsohn, Buchhändler. Diesem Schlojme ben Meier ibn Jossel befahlen die Behörden, einen registrierbaren europäischen Namen anzunehmen. Den Namen eines stolzen wilden Tieres, wie ihn reiche Juden gegen Bezahlung einer Gebühr von zwanzig Gulden für sich eintragen ließen, konnte er sich nicht leisten. Auch nicht den einer lieblich duftenden Blume - der kostete zehn. Doch wollte er es nicht hinnehmen, sich als Stinker oder Schlecker oder Latrin registrieren zu lassen, oder als Hangermann, das ist der Henker, wie sie vor seinen Augen tatsächlich für ihn ins Register schrieben, als sich ergab, daß er überhaupt nichts bezahlen konnte. Eine Stunde später erschien er noch einmal vor der Behörde mit zwei weißen Wecken, fünfundneunzig Kreuzern (oder waren es vielleicht doch Kopeken?) und einer gestopften Gans, und es war auf Grund dieser Bestechung, daß in diesem schon eingetragenen Namen Hangermann wenigstens das »n« ausgebessert wurde in ein »u«.
Schlojme Haugermann also. Sein Sohn war Mojsche Haugermann. Dessen Sohn war Leopold Haugermann - der Vater meines Vaters.
Dieser mein Großvater wurde 1830 geboren, wie der Kaiser Franz Joseph, 1848, als Franz Joseph den Thron bestieg, nahm mein Großvater, achtzehnjährig, an der Polnischen Revolution teil und wurde zum Tod verurteilt. Er floh nach Ungarn, um jenem Kossuth zu helfen, der sich mit den Habsburgern angelegt hatte - aber er blieb unterwegs stecken, auf einem Hochpaß in den

slowakischen Karpaten, dank einem jungen jüdischen Mädchen namens Regina Schmergel, die ihre Eignung, meine Großmutter zu werden, noch dadurch erhöhte, daß sie Köchin von Beruf war, mit Ersparnissen in ihrem Strumpf. Worauf Leopold Haugermann sich das mit der Revolution überlegte und lieber Gastwirt wurde, dort oben an jenem Karpatenpaß. Dort wurde mein Vater geboren. Als Dreizehnjähriger lief er davon und fuhr ohne Fahrkarte Anfang der siebziger Jahre nach Wien zu seinem Kaiser Franz Joseph und wurde nach und nach sein Kaiserlicher Rat. So hängt das zusammen. Laufbahn eines der Repräsentanten des jüdischen Elements der österreichischen Monarchie - der zweihunderttausend Juden in der ersten österreichischen Republik.

1918 brach also diese erste Österreichische Republik aus - und während ihrer zwanzigjährigen Dauer gab es, pessimistisch-provokativ, und das heißt österreichisch gesagt
das Elend der Inflation
das Elend der Deflation
das Elend der Niederwerfung des Sozialismus
durch einen klerikal-faschistischen Ständestaat
gefolgt vom Elend der Bedrängnis
durchs nationalsozialistische Nachbarreich
und endend mit der »Befreiung« durch Hitler im März 1938.

Zur Geschichte der Inflation gibt es allerlei schwarz auf weiß. Das hier ist eine Szene an der Wiener Börse. (Der Autor, inzwischen mehrfach verschollen, war ein sehr junger Mann, der damals ins Schreiben gestolpert war.)

Klein steht neben mir, blaß, matt, Arme hängend, die Schulter schief. Wir rennen noch einmal hinüber in die Exotenkulisse, steht dort noch immer Pollak von Brüder Biberstein mit fünf sechs anderen. Namen von wenig bekannten Papieren schwirren dort durcheinander. Exoten eben, jeden Tag tauchen ein paar neue auf. Sagt gerade ein magerer ärmlicher Mensch mit einem Stoppelbart: »Schweizer Glas«, sagt er, »ich geb Schweizer Glas mit 210, mit 210, ich geb mit 210.« Niemand beachtet ihn, sagt er jetzt: »Ich geb Schweizer Glas mit 200.«
Klein - aufgehorcht, und fragt nahe bei meinem Ohr: »Ein Schweizer Papier?« Ich nie den Namen gehört. Sagt Klein zu mir: »Kaufen Sie.« Ich hab sie zu 195 gekriegt, hundert Stück. Sagt Klein laut: »Schweizer Glas! Ich kauf mit 195. Ich kauf mit 205. Mit 215!« Ein paar von Hochdorfer Haushaltsbehelfe schauen herüber. Ruft Klein: »Ich nehm Schweizer Glas mit 230!« Aus einem Winkel kommt Ware. »240!«
Der Unrasierte noch zweihundert Stück gebracht. Klein schreit: »Schweizer Glas! Ich nehm mit 250, mit 250. Mit 280!«
Sagt ein Fetter ohne Haar: »Mit 320 ist bei mir Ware.« - »Wieviel?« - »Tausend Stück.«

Die Börse von Wien

Wirft Klein die Hand hoch, schreit: »Tausend Schweizer Glas an mich mit 320!« Das Geschäft in Hochdorfer ist da schon eingeschlafen. Um uns zehn fünfzehn Menschen. Einer, schrill: »Ich kauf Schweizer Glas zu 330.«
Bei 360 ist Ware gekommen, fünfhundert Stück, von einem kleinen Bankier. Weitere zweitausend, aber die nehmen die Käufer auf, die uns da schon nachgespielt haben. Schmeißt Klein die Hand hoch: »400! 400, 400!« Kriegt er dreitausend Stück.
Um uns dreißig Menschen und schrein. Sie kaufen zu 450 und zu 480. Die Verkäufer Agenten und Kleinbankiers. Schiebt in diesem Augenblick Fischer seinen breiten Bauch in eine Bresche - »Fischer-à-la-Baisse« sein Spitzname an der Börse -, steht da, macht den Mund nicht auf. Klein schmeißt die Hand hoch in diesem Augenblick: »480!« Neben mir, hör ich, sprechen zwei, fragt der eine: »Was ist Schweizer Glas?« Sagt der andere: »Klein weiß was er tut, bei ihm kann man mitgehen.« Einer kauft mit Gebrüll zu 530.
Beugt sich Klein zu mir, sagt mit einem blassen Gesicht: »Sie jagen den Kurs hoch, und drüben steht Fischer und wartet. Wir müssen jetzt den Kurs stabilisieren. Am besten, Sie fangen sich sofort einen Agenten und lassen ihn kaufen, soviel er kriegt.«
Ich: »Kurs stabilisieren, haben Sie gesagt.«
Er mich nur belustigt angeschaut. »Machen Sie, wie ich es Ihnen sag.«
Ich mir Schiller gefangen, gleich drüben steht er. Er kriegt den Auftrag von mir, schon stößt er hinein ins Gedränge, mit Ellenbogen ohne Kraft, und kreischt mit einer Stimme wie so ein alter Mann kreischen kann: »540, 540, bei mir ist Geld 540!« Darauf Klein, sehr laut: »Ich geb.«
Schiller, verblüfft, wirft mir einen hilflosen Blick zu, aber er schreibt es auf. »Ich geb.« - Klein, noch einmal. Viele lachen, einige schimpfen, zehn fünfzehn drehen sich weg, es interessiert sie das ganze Geschäft nicht mehr, einer sagt laut: »Ein Schwindler.«

Klein dagestanden mit fleckigem Gesicht. Die Hausse in Schweizer Glas jedenfalls war gebremst. Zwanzig stehn noch um uns, aber warten nur: was kommt jetzt? Einer, schon kleinlaut, will noch einmal kaufen, brüllt Klein: »Ich geb mit 540. Mit 520!« Man lacht, einer sagt: »Mahlzeit. Ich geh essen.«

In diesem Augenblick macht Fischer sein Froschmaul auf und quarrt: »Ich geb Schweizer Glas mit 500. Ich geb mit 480. Mit 460.«

Klein flüstert mir zu: »Da haben wirs. Er hat die ganze Zeit darauf gewartet. Jetzt steigt er ein. Er hat nicht ein Stück, er verkauft à la Baisse. Wie stehen wir?«

Ich addierte. »Wir haben siebzehntausendzweihundert Stück gekauft.«

Klein, mit einem Zucken um den Mund: »Dann muß ich den Kurs halten.« Und wie Fischer gerade trompetet, er gibt mit 400 - kreischt Klein: »Gekauft.« Merken alle auf.

Von jetzt an ist es ernst geworden. Fischer gibt zu tausend und tausend Stück - Klein alles genommen. Fischer gibt zehntausend Stück zu 380 - Klein kauft sie und legt Geld bei 410. Fischer gibt zehntausend zu 370 mit noch zwanzigtausend dazu per Ultimo - Klein kauft. Dreißig, vierzig Leute stehn um uns herum und spielen Fischer nach, sie haben nicht ein Stück aber sie verkaufen, 340, 330, 300, 295. Klein, heiser, mit einem weißen Gesicht, Krawatte aus der Weste gerissen - Klein kauft alles. Es hat nicht geholfen. Der Kurs herunter auf 220, 200. Fischer: »180!«

Klein, neben meinem Ohr: »Die Rechnung, um Gottes willen, wie stehen wir?« Ich zusammengerechnet, dann sag ich ihm leise: »Wir haben 223 800 Stück Schweizer Glas gekauft, sie kosten uns im Durchschnitt 385.« Fischer trompetet in diesem Augenblick: »Ich verkauf zu 175. Zu 170!« Klein, man sieht: es ist ihm nicht gut. Er sagt leise an meinem Ohr: »Das können wir nicht bezahlen. Aus.« Und dazu wieder laut: »Ich kauf zu 175. Zu 180!«

In dem Augenblick kommen hinten zwei von den Telefonen, drei, vier. Einer rennt vorüber, schreit: »Züricher Schlußkurs 36 400.« Sagt einer: »Das heißt, unser Geld ist von gestern auf heute die Hälfte wert.« Und Vogel von Vogel junior die Brieftasche herausgezogen, Geldscheine, hält sie hoch, schreit: »Da - Dreck. Schade, es ist nicht leeres Schreibpapier.« Lacht einer: »Oder leeres Klosettpapier.« Groß von Brüder Bieberstein schreit: »Ich kauf RIMA!« Und rennt schon. Ein anderer, mit einem Geierkopf: »Ich kauf egal was man kriegt, alles besser als unser Geld.«

Das war der andere Drehpunkt an diesem Vormittag. Klein, gerade denkt er noch wir sind pleite, schmeißt jetzt alle zwei Hände hoch, kreischt: »Ich kauf Schweizer Glas zu 200. Zu 250!« Fischer - kein Wort von ihm. Schreit ein anderer: »Ich kauf zu 280, 280.« Leute kommen herüber und drängen sich. Kreischt Klein: »300 Geld!« Kriegt er schon keine Ware mehr. Ein paar Schlüsse noch zu 320. Endlich macht Fischer drüben sein Froschmaul auf und sagt: »Ihr seid alle verrückt.«

Einer brüllt ihm etwas ins Gesicht, was niemand verstehen kann. Ein Ziegenbart meckert: »Der hat Fischer nachgespielt.« Kurs steht bei 350, 380 Geld. Einer droht Fischer mit beiden Fäusten, es schaut aus, er will ihn erschlagen: »Nicht ein Stück hat er, alles verkauft in die leere Luft.« Fischer noch einmal mit blassem Gesicht 400 Geld gelegt. Alle schreien jetzt und schmeißen die Hände hoch.

Bei 520 ist Fischer fortgeführt worden von seinem Schwiegersohn. Der Ziegenbart hat noch gekauft bei 580. Hände flackern. Eine Dogge, sie bellt: »600.«

Bei 610 hat Klein die ersten zehntausend Stück Schweizer Glas verkauft. Die Dogge bellt 630. Klein gibt. Der Geier hackt herüber, gibt ihm Klein zwölftausend zu 640. Andere kreischen, Ibisse, Iltisse, Marder. Klein gibt. Schweiß trieft, ein Hemdkragen liegt auf dem Boden, einer klettert an einem andern hoch und schreit, schreit. Der Geier krächzt 710, die Dogge geifert 770. Klein gibt. Eine Glocke bimmelt. Ein Diener schnarrt: »Bauch, Herr Bauch, Telefon.« Einer stolpert, mit Gebrüll. Einer faßt einen an der Schulter und speit ihm

Ziffern Ziffern Ziffern aus dem aufgerissenen Maul an die Stirn. Eine Wasserleiche spreizt Finger und greift.

Ich alles zusammengezählt. Wir haben glattgestellt, mit einem Nutzen so groß, daß man es nicht glauben kann, daß es einem den Kopf verrückt macht. Greif ich Klein am Arm und reiß und schlepp ihn durch die Schlacht und zur Tür hinaus.

Im Rauchsalon fällt er mir um. Ich ihn auf das Plüschsofa gelegt, und Schnaps. Der Reporter vom Börsenblatt schießt herein, und uns sehen läßt er uns schon nicht los. »Was wissen Sie über Schweizer Glas«, keucht er, »welche Informationen haben Sie über Schweizer Glas, das ist ja diese kleine Damenstrickmodenfabrik Schweizer & Glas in Graz, nicht wahr? Aber die steht doch, hört man, vor dem Bankrott?«

Klein schrill aufgelacht, und lacht noch, wie ich ihn draußen ins Auto setz. »Fahren Sie los«, sagt er, »fahren Sie weg von da.«

Das Elend der Deflation war wie das Elend der »reichsdeutschen« Deflation - nur mehr so. Nur jämmerlicher. Nur mehr kleineleutehaft. Deutschland, deine halbverhungerten österreichischen Vettern. Kaum die Währung stabil gemacht, war kein Geld mehr im Lande.

Was mich selbst anlangt, so hatte ich 1918 noch Medizin studiert - dann wurde ich Chemiker - dann brachte ein Irrsinniger meine ersten Gedichte heraus (er verkaufte laut Abrechnung achtzehn Exemplare), und so wechselte ich natürlich hinüber zur Germanistik, weniger genügte nicht für einen demnächst weltberühmten Dichter. Dann war da ein seriöses Mädchen und sagte, wir sollten heiraten. Das taten wir und ich wurde Buchhalter, Devisen-Arbitrageur, Effektenhändler an der Wiener Börse, siehe die hier abgedruckte Szene, da war ich schon dreiundzwanzig alt, mit vierundzwanzig war ich Seniorchef einer Lebensmittel-Großhandelsfirma, so war das eben in der Inflation, als ich fünfundzwanzig war, verlor ich all das über Nacht. Denn über Nacht, Inflation vorüber, war die Deflation ausgebrochen, siehe oben. Genug des Autobiographischen. (Ein »deutsches Schicksal«. In Berlin, Leipzig, Frankfurt wäre es mir nicht anders ergangen.)

Pleite ringsum, Arbeitslosigkeit weit und breit. Was in diesen Jahren der großen Pleite, vielfach auch genannt »die goldenen zwanziger Jahre«, wirklich vor sich ging, wurde uns Zeitgenossen erst nachher bewußt. Jener obdachlose Hilfsarbeiter, dem wir 1907 begegneten, als er eben der österreichischen Musterungskommission entging und nach München umzog - ja: wie auf eine delikate Weise erwähnen, ohne von meinen österreichischen Kompatrioten als taktlos verschrien zu werden, daß dieser peinlichste aller Exportartikel schließlich trotz allem ein Österreicher gewesen ist, und noch dazu ein typischer?

Als es für Hitlers Laufbahn günstiger wurde, »immer schon ein echter Deutscher« gewesen zu sein, entdeckten liebedienerische Historiker durchaus mühelos, daß die österreichische Gegend seiner Geburt auch einmal oder mehrmals zu Bayern gehört hatte. Aber was hat alles wozu gehört! Was hat alles irgendwann im Lauf der Geschichte wozu auch immer *nicht* gehört? Derlei hängt vom Wetter ab. In Hitlers Gutwetterzeiten gehörte für die Deutschen sein Geburtsort »eigentlich« zu Deutschland - in Schlechtwetterzeiten gehörte er für sie natürlich zu Österreich. Für die Österreicher war es umgekehrt.

In hitlerfreien Zeiten betrachtet der österreichische Homo Alpinus den bajuwarischen Homo Alpinus als einen grobschlächtigen Verwandten aus der Vorstadt, mit dem man eigentlich nicht au pair verkehren kann. Ich weiß von einem bodenständigen, wenig reisenden Wiener, der sich einmal im Leben dazu verleiten ließ, nach München zu fahren. Er kam abends an. Er ging ins bahnhofs-nächste Hotel und schloß sich in sein Zimmer ein. Am nächsten Morgen - München ade! - nahm er den Frühzug und fuhr nach Wien zurück. Das ist keine Anekdote, das ist eine wirkliche Geschichte. Mehr: das ist Geschichte!

Was danach von einem Österreicher zu halten ist, der aus freien Stücken ein Wahl-Münchner wird wie dieser Hitler, bedarf keines weiteren Kommentars. Aber damit erschöpft sich die Problematik seiner Abstammung durchaus nicht. So einfach wäre das nicht genug. Hier ist mehr zurechtzurücken als die Frage, ob einer aus Braunau ein Bayer ist oder vielleicht doch ein Österreicher.

Vor allem: die Tschechen haben es dieser Tage nicht leicht; unter dem Protektorat des Dritten Reichs hatten sie es noch schwerer; nie konnten sie sich nachdrücklich genug dagegen zur Wehr setzen, daß man ihnen weit und breit Hitlers wenigstens teilweise rassische Urheberschaft in die Schuhe schob. Das haben sie nicht verdient. Sicherlich ist jener Grenzbezirk Oberösterreichs von der böhmischen Seite her stark aufgefrischt worden, aber diese allgemeine Erkenntnis genügt an sich noch nicht als ein Alibi für den besondern Fall. Die fleischige Vulgarität der Nase des strittigen Individuums hat keine Beweiskraft; Tschechennasen sind kürzer und lebensfroh-intelligenter hochgestülpt. Fleischnasen von der Hitlerschen Spielart finden sich im niedrigeren Menschen- und höheren Tierleben (man denke bloß an das in jenen Grenzwäldern noch zu findende Wildschwein) weit und breit. Mit derlei vagen Vermutungen wie Hitlers Nase, oder auch Hitlers mangelhafter Kenntnis der deutschen Sprache, wird also der Distrikt von Braunau, und mit ihm Deutschösterreich, die Verantwortung für die Produktion des Gröfaz nicht auf unschuldige Nachbarn abschieben können.

Und noch windiger steht es mit der feigen Verleumdung eines schwergeschlagenen Judentums, der von Österreich den Deutschen bescherte Führer habe jüdisches Blut gehabt. Dabei ist es ein für fernerstehende Ausländer heute schon kaum noch verständliches Kultur-Kuriosum, daß die Behauptung, Hitlers Großvater sei Jude gewesen, zu seiner Zeit gar nicht von Schmeichlern in die Welt gesetzt worden ist, sondern von Personen unbekannter Identität, die Hitler eins am Zeug flicken wollten.

Diesbezüglich ist lediglich zuzugeben, daß Hitler ja tatsächlich nicht ein Mitglied seiner eigenen SS hätte werden können. Aber ein nicht erbringlicher Ariernachweis ist nicht ein Beweis des Gegenteils.

Was sind die Fakten, was liegt vor? Eine in jener Gegend grassierende Dienstmagd mit Namen Schicklgruber verläßt den Distrikt auf Postensuche, arbeitet mehrere Jahre da und dort, kommt schließlich hochschwanger zurück in ihr Heimatdorf und gebiert einen Knaben, dessen Vater zu nennen sie sich weigert, also heißt er Schicklgruber wie die ledige Mutter. Hier setzen die Verleumder der Juden ein. Jenes Kind Schicklgruber, Alois mit Vornamen, sei bis zu seinem achtzehnten Lebensjahr auf eine diskrete Weise alimentiert worden - durch wen? Durch einen bekannten jüdischen Kaufmann mit Namen Frankenberger in Graz in der Steiermark, lautet die Antwort; bei diesem Juden sei die Magd in Dienst gewesen; der Produzent des Alois sei übrigens nicht der Jude Frankenberger persönlich gewesen - er zahlte für seinen minderjährigen Sohn.

Diese Angabe ist so konkret wie falsch. Die Richtigstellung verdankt man Hans Frank, Hitlers Justiz-Vertrautem in vielfältiger Funktion, der in Nürnberg zum Katholizismus konvertierte und auf Rat seines Beichtvaters vor seiner Hinrichtung seine Lebensgeschichte niederschrieb - darunter dies: Gegen Ende der sogenannten Kampfzeit der Nazibewegung, die Machterschleichung zeichnete sich schon ab, und Hitlers guter arischer Ruf war, für ihn selbst vor allem, ein Politikum ersten Ranges - da meldete sich bei ihm ein Stiefneffe, Sohn einer Halbschwester, aus Paris mit einem Erpresserbrief. Er könne, so schrieb er, von einer französischen Illustrierten viel Geld bekommen, wenn er bezüglich des Führers der Arier »jenes bewußte Familiengeheimnis« verriete, und wenn der Führer und Onkel ihn davon abhalten wolle, aus dieser Quelle zu schöpfen - kurzum, er brauche Geld.

Worauf Hitler ihn, Hans Frank, mit diskreten Recherchen betraute. Ergebnis: Von Alimentenzahlungen des Juden Frankenberger keine Spur. Alois Schicklgruber sei der zunächst noch illegitime, dann aber von seinem Vater legitimierte

Sohn des L. Hitler gewesen, der die Magd Schicklgruber überdies auch noch nach Geburt des Kindes zur Frau nahm. Was man also sonst in diesen Nürnberger Gerichtstagen gegen den Führer einwenden mochte - einen jüdischen Großvater hatte er nicht.

Nun, ein paar Leute ließen es bei diesen Hinweisen des Hans Frank nicht bewenden. Was zuerst ihren Verdacht erregte: Frankenberger ist kein jüdischer Name. Weder in Graz noch sonstwo in Österreich kommt der Name in den strenggeführten, lückenlos erhaltenen jüdischen Gemeinderegistern vor.

Ferner: Dieser Leopold Hitler hat die Magd Schicklgruber tatsächlich geheiratet. Er traf sie und heiratete sie - acht Jahre nach Klein-Alois' Geburt.

Schließlich: Nicht Leopold Hitler hat Klein-Alois Schicklgruber als seinen Sohn legitimiert. Vielmehr legitimierte Alois Schicklgruber, Zollinspektor, vierzigjährig, den damals schon seit dreißig Jahren verstorbenen Leopold Hitler als seinen Vater. Indem er mit zwei alten Bauern als Zeugen nicht etwa zum Bezirksamt ging, das die zuständige Behörde gewesen wäre, sondern zum alten und gebrechlichen Dorfpfarrer, der sich dazu verstand, in seinem Geburtenregister beim Namen Alois Schicklgruber den »Schicklgruber« dünn durchzustreichen und darüber zu schreiben: »Hitler«. Mit dem Vermerk, in seiner zittrigen Schrift: Laut den beiden alten Bauern habe der langverstorbene Leopold Hitler ihnen gegenüber gelegentlich erwähnt, daß er auf eine weiter nicht definierbare Weise zu Klein-Alois der Vater sei.

Nun war diese »Legitimierung«, oder auch nur Namensänderung, selbst nach österreichischen Maßstäben nichtig. Rechtens hieß der Zollinspektor natürlich, auch nach seinem Besuch beim Pfarrer, Alois Schicklgruber - er hätte sich höchstens »Schicklgruber alias Hitler« oder »Hitler recte Schicklgruber« nennen dürfen. Irrelevant, sollte man meinen. Aber auch irrelevant für seinen Sohn? Daß die Karriere des Adolf auch unter dem Deutschen Gruß »Heil Schicklgruber« - denn so hieß er ja doch rechtens - ganz so über die Bühne gegangen wäre, habe nicht nur ich bezweifelt. Vielleicht in Österreich - weil dort eben alles möglich ist. Gut, auch Bayerns prominente Politiker haben mitunter Namen von ähnlicher Melodik. Aber in allen anderen Ländern, die durch das Band der Serie »Deutschland, deine ...« umschlungen sind? Und darüber hinaus in der weiten Welt? Ein zittriger falscher Strich durch einen Namen hat all das Unglück über die Welt gebracht. Thema für eine erbauliche Betrachtung - falls erbauliche Betrachtungen jemandes Profession oder Hobby sind.

Dieser Hitler ist ja nachher einigermaßen notorisch geworden; überflüssig, hier seinem Weg systematisch nachzugehen. Hier interessiert nur das Kleingedruckte aus seinem Leben. Bei ihm und auch sonst weit und breit: das Kleingedruckte ist Österreich.

Dies zum Beispiel: Als dieser Hitler in Österreich militärflüchtig wurde, war er achtzehn Jahre alt. Damals, laut seinem bedeutenden Werk »Mein Kampf«, hatte er in Wien (im Obdachlosenheim Wurlitzergasse, aber das sagt er nicht) als bücherverschlingender Autodidakt seine philosophisch-politische Bildung so komplett und erfolgreich emporgezwirbelt, daß weiteres Bücherlesen für ihn nachher praktisch nicht mehr nötig gewesen sei. Auch er hätte daraufhin den Anspruch auf den österreichischen Professorentitel gehabt - und da wir nun einmal beim Philosophieren sind: hätte einer damals daran gedacht, ihm zu verleihen, was ihm gebührte, was hätte sich diese Welt erspart! Schon die Zulassung in die Zeichenschule der Akademie hätte alles verändert. Die ausnahmsweise Verweigerung österreichischer Lösungen führte zur globalen Tragödie.

Auch hat der Haß des natürlich an sich schon großdeutsch gesinnten Provinzlers gegen die sich ihm versagende Hauptstadt hier ihre Wurzel - da wir also schon einmal beim Philosophieren sind. Wien - das war das Durchlauchtige Habsburgische Kaiserhaus. Zuzüglich des mit diesem unter einer Decke steckenden Klerus. Bedient von slawischen Untermenschen, vornehmlich aus Böhmen - und ob

die nicht schon deshalb besonders zu hassen waren, weil der Hasser sich selbst einer böhmischen Blutbeimischung verdächtigte, darüber hätte er am besten den eben damals in Wien um Anerkennung kämpfenden Professor Sigmund Freud gefragt. Aber der war wieder schon deshalb von ihm nicht zu befragen, weil er ein Jude war - und war das vielleicht schon wieder für den Hasser doppelt und dreifach hassenswert, weil Hitler sich selbst gemäß jener Familientradition auch einer jüdischen Blutbeimischung verdächtigte? Jedenfalls: daß Hitler damals in Wien alles für ihn Nötige gelernt und nachher nichts dazugelernt habe - da hat er wieder einmal die Wahrheit gesprochen.
Bis auf ein Detail. Bezüglich der Titel jener hochphilosophischen und sozialpolitischen Werke, die er arbeitsloserweise damals in Wien studierte, war er ein wenig ungenau. Selbst daß das Buch des Rassenapostels Houston Stewart Chamberlain, Schwiegersohn bei Wagners in Bayreuth, mit dabeigewesen sein sollte - selbst das war schon Hochstapelei. In Wirklichkeit war Hitlers Lieblingsautor damals (und später) der deutsche Dichter Karl May, Erfinder des germanischen Übermenschen Old Shatterhand. Daß er dazu tatsächlich auch einen Lieblingsphilosophen hatte - diese Entdeckung beanspruche ich für mich selbst. Es handelte sich um einen pangermanischen Narren, eine Art Gralsritter mit Namen Lanz von Liebenfels, der eine Art Zeitschrift, *Ostara*, auf den Wiener Straßen verkaufen ließ. Diese *Ostara* kannte ich, dann und wann kaufte einer von uns sich ein Exemplar, um über den hirnrissigen Unsinn eines National-Idioten zu lachen. Hätten wir geahnt, was aus diesem Bockmist noch herausbraten sollte, so hätten wir nicht gelacht.

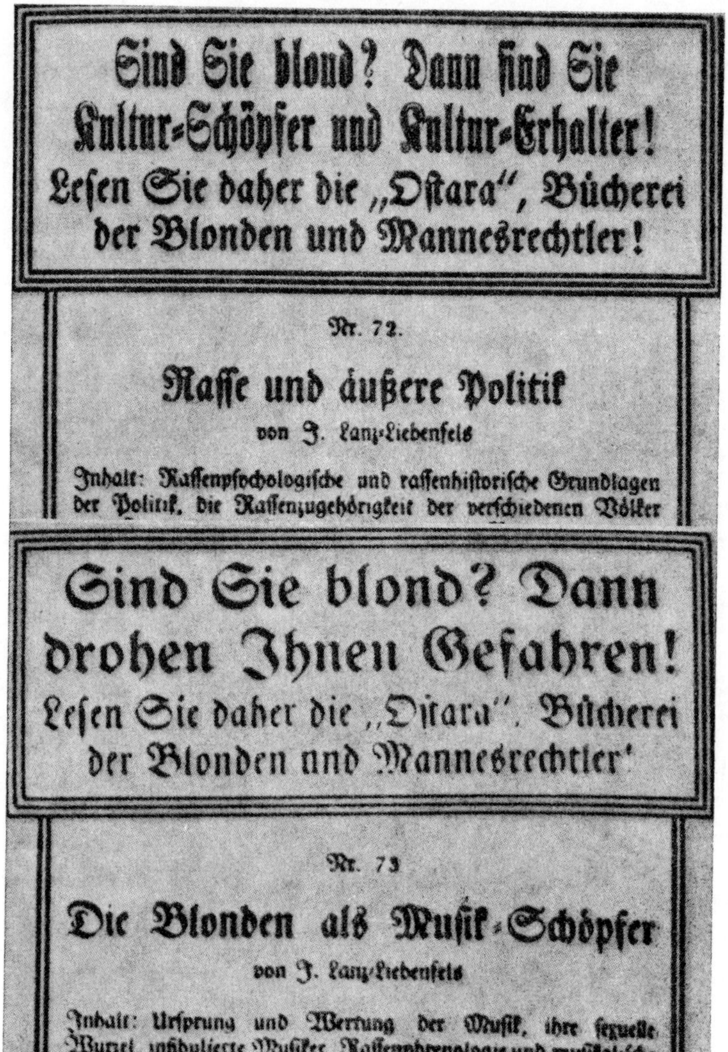

Sind Sie blond? Dann sind Sie Kultur-Schöpfer und Kultur-Erhalter!
Lesen Sie daher die „Ostara", Bücherei der Blonden und Mannesrechtler!

Nr. 72.

Rasse und äußere Politik

von J. Lanz-Liebenfels

Inhalt: Rassenpsychologische und rassenhistorische Grundlagen der Politik, die Rassenzugehörigkeit der verschiedenen Völker

Sind Sie blond? Dann drohen Ihnen Gefahren!
Lesen Sie daher die „Ostara", Bücherei der Blonden und Mannesrechtler!

Nr. 73

Die Blonden als Musik-Schöpfer

von J. Lanz-Liebenfels

Inhalt: Ursprung und Wertung der Musik, ihre sexuelle Wurzel, infibulierte Musiker, Rassenphrenologie und musikalische

Ueber den Umgang mit Tschandalen, ein neuer „Knigge". I. Teil.

Von J. Lanz v. Liebenfels

Inhalt: Bekämpf zuerst den Tschandalen in Dir, dann erst den Tschandalen um Dir! Der Tschandale in der Verwandtschaft. „Mea culpa", wir sind selbst an der Existenz der Tschandalen schuld, daher keinen fanatischen Haß gegen die Tschandalen, sondern nur gegen unsere Laster. Ein kurzes, aber bedeutsames Gespräch mit Lenin. Kastraten um des „Reiches der Himmlischen" willen. Der Tschandale in Freundschaft und Gesellschaft, in Organisationen, Vereinen und Berufen. Wie schützt man sich gegen Pumpversuche u. Schnorrer? Der Umgang mit Vertragspartnern.

Abb. 47.
Gesäßformen: A. der niederen, B. der höheren Rasse.

Daß Hitler zu diesem Gralsritter wallfahrtete, und zwar oft, ist nachweisbar. Noch während der Schüler im Aufstieg war, lang vor der Machterschleichung,

schrieb Lanz-Liebenfels seherhaft an einen anderen Gralsritter: »Du wirst es noch erleben, daß Hitler, unser Schüler, und durch ihn auch wir siegen und eine Bewegung entfachen werden, die die Welt erzittern macht.«
Wie recht er hatte. Als Hitler Österreich besetzte, ließ er Lanz-Liebenfels von der Gestapo verbieten, je wieder ein Wort zu publizieren. (Den Mann, der in »Mein Kampf« die Grammatik und Orthographie korrigiert und darüber nicht geschwiegen hatte, einen Pfarrer Stempfle, hatte Hitler schon vier Jahre vorher zusammen mit Röhm, Strasser und anderen Mißliebigen umgebracht.)

Aber das heißt vorausgegriffen. Zurück zu den Goldenen zwanziger Jahren und der Pleite der Deflation. Die bankrotte Wirtschaft lebte von Völkerbundanleihen. Protektor der bankrotten Politik war der Faschist Mussolini nebenan in Italien; was er protegierte, war ein klerikaler Ständestaat. Für einen eigenen österreichisch-patriotischen Faschismus, klein aber fesch - dafür brauchte man diesen Hitler nicht.
Kanzler war ein Christlichsozialer namens Dollfuß, katholisch-bigott wie sich's im Österreichischen geziemt. Seine kleine Statur machte ihn populär, »brave little Dollfuß« hieß er im Westen - so klein und schon ein österreichischer David gegenüber dem reichsdeutschen Goliath. Sein faschistischer Schutztrupp stand unter einem baumlangen Fürsten Starhemberg, einem Nachfahren des Wiener Türkenbefreiers, und einem Major Fey, von dem man damals nur auf eine neblige Weise wußte, daß er ein »Zuagraster« aus Deutschland war. Daß er sich dorther nach Österreich abgesetzt hatte, als die Weimarer Republik sich auf eine lässige Weise dafür zu interessieren begann, wer denn nun eigentlich die Rosa Luxemburg und den Karl Liebknecht umgebracht hatte - das wußten wir damals noch nicht.
Überflüssig, es erst zu sagen: Feind stand links, für diese Gesellschaft der wirkliche Feind. Das waren die österreichischen Sozialdemokraten, Austromarxisten

- im Februar 1934 wurden sie zerschlagen in einem kurzen, blutigen Bürgerkrieg. Aber damit hatten die Austrofaschisten sich selbst besiegt. Ohne die organisierten Arbeiter gaben sie den Nazis gegenüber lächerliche Figuren ab. Ihr Schutztrupp, die Mannen der »Heimwehr« erschienen bei Bedarf noch bei markig-patriotischen Demonstrationen, dafür war die von ihnen kassierte »Tax« fünf Schilling pro Stunde, dann aber zogen sie die Uniform aus und waren wieder randalierende Nazis. Ebenso operettenhaft war es da schon um die Polizei bestellt. Stand sie in Wien, so gehörten die höheren Ränge den Nazis an. Entließ man sie und ersetzte sie durch immer noch relativ verläßliche Leute aus der Provinz, so hatten die kaum ihr neues Amtszimmer in Wien erreicht, da waren sie selbst auch schon wieder Nazis geworden und wurden entlassen und aus der Provinz ersetzt. Diese Provinzler waren in der ihnen fremden Großstadt hilflos und ahnungslos. Als ich 1935 von London für ein paar Tage nach Wien kam, wurde ich im nächsten Morgengrauen von zwei Meisterdetektiven aus dem Schlaf geweckt - »geben S' die Händ unter der Decken hervor, leisten Sie keinen Widerstand, Sie sind verhaftet.« (*Sie* wußten, daß ich mit einem Maschinengewehr unter der Decke zu schlafen pflege!) Und was sie mir schon nach achtstündigem Verhör verrieten, war, daß ich mit dem Hamburger Kommunistenführer Heinz Neumann identisch war, ich hatte mich nur in teuflischer Schläue durch Änderung meines Vornamens getarnt, sie aber hatten das durchschaut. Und halbwegs durch das Verhör fragte mich in einer zeugenlosen Sekunde der Ober-Verhörer im Konversationston von Gentleman zu Gentleman: »Ich kenne Ihr Buch X. Sagen Sie, was haben Sie eigentlich gegen Adolf Hitler, glauben Sie, das tut Ihnen gut?« (Es tat mir nicht gut, er wußte es.)

Hoffnungslos - so versuchte man sich nun doch noch mit den Nazis zu verständigen. Das aber machte wieder den Westen sauer. Von westlichen Anleihen hatte man doch gelebt! Als man das nächstemal den Wirtschaftsminister - Heinl hieß er, ein massiger Mann - nach London um Geld schickte, war ich zufällig dabei, als er, ohne etwas ausgerichtet zu haben, zu den wartenden Journalisten hinaus in die Antichambre trat. »Nix, Herr Minister?« fragte ihn einer. Er sprach melancholisch ein großes Wort aus. »Wir Österreicher«, sagte er zu den Wartenden, »wir Österreicher haben einen einzigen Fehler: wir lecken immer den falschen Arsch.«

So kam es zum Anschluß, Finis Austriae - da man bei solchen historischen Anlässen in Österreich nun einmal Lateinisch spricht.

Übrigens: diese »Anschlüsse«. Ein historisch Gebildeterer, als ich es bin, sollte einmal etwas über sie schreiben. Da gibt es die auszuklammernden »falschen« Anschlüsse - wie etwa wenn Karl der Große mit einem Rattenschwanz christlicher Missionare sich die arglosen Heiden des alten Noricum anschließt und die Sache dann Ostmark nennt; oder die in umgekehrter Richtung laufenden zahlreichen Anschlußaktionen der österreichischen Habsburger gegenüber Teilen dessen, was heute Deutschland heißt. In jeder Richtung, ostwärts wie westwärts, jubelte nach offiziellen Berichten jede Bevölkerung. Und dann gibt es »echte« Anschlußbestrebungen aus der Bevölkerung selbst, sozusagen um einem dringenden nationalen Bedürfnis abzuhelfen - wie dem der »großdeutschen« Provinz-Honoratioren Österreichs, zu denen, als Zollbeamter, auch Hitlers Vater Schicklgruber zu zählen war; und auch Anschlußbestrebungen aus sozialer Bedrängnis, wie bei den ausgepowerten Klein-Österreichern nach der Pleite von 1918, unter der Führung der SPÖ. (»Reichsdeutsche«, der Kanzler Brüning zum Beispiel, hatten für sie eine Menge Verständnis.)

Das genügt, um zu zeigen, daß Hitler die Anschlußidee nicht erfunden hat. Er fand sie, er »ritt« sie - er ritt ein altes Roß. Doch ist gerade dieser Anschluß vom März 1938 natürlich eines jeden Österreichers allergischer Punkt.

Als Hitler einmarschierte, standen bloß 200 000 Jubelnde am Straßenrand, die Hand erhoben zum Schicklgrubergruß.
200 000 sind bloß drei Prozent der Bevölkerung. Demnach gehörten 97 Prozent zum österreichischen Widerstand.
Dieser Widerstand ging in Deckung und tarnte sich in Form eines großen Fraternisierungsjubels aufs Österreichisch-Geschickteste - man gab Hitler fairerweise die Chance, daß er sein Versprechen, Österreich in einen blühenden Garten zu verwandeln, auch wirklich erfülle. Aber als die Nichterfüllung sichtbar, fühlbar und ruchbar wurde, »der Butter« knapp, »die Schinke« in allen Delikatessenhandlungen von Piefkes aufgekauft, keine Trabucco mehr in der Tabaktrafik, da war es aus mit dem Sichverstellen, da schäumte der patriotische Volkszorn der Résistance - natürlich taktvollerweise nicht laut, aber da gab es so manchen schweigenden Blick des Protests, manches konspiratorische Blinzeln, eh scho wissen, zwischen dem Hofrat und seinem Ministerialportier, zwischen Passaschier und Conducteur der Elektrischen - sogar die nunmehr als Gestapobeamte verkleideten österreichischen Kriminaler blinzelten mitunter den Herren besseren Juden zu, bevor sie sie in die Polizeidirektion auf der Elisabethpromenad einlieferten oder ein bissel später zur Umsiedlung direkt aufn Nordbahnhof.
Für das wahre Österreich (und das gibt es natürlich, daß meine Bosheit die

traditionelle österreichische Form des Patriotismus ist, hat jeder Mitösterrreicher längst erkannt) - für dieses wahre Österreich also war die brüderliche Umarmung durch die reichsdeutsch-nationalsozialistische Boa Constrictor nach anfänglicher Verwirrung, Verirrung eine grausige Zeit. Es gab, auf die Dauer, mehr sich Bewährende, als man nach dem ersten Begrüßungsjubel hätte erwarten sollen. Während jene 200 000 noch am Straßenrand jubelten, saßen immerhin 53 000 in Hitlers KZs - und daß die den einmarschierenden Nazis auf dem Präsentierteller dargeboten wurden, daß die meisten von ihnen Sozialdemokraten waren, noch von der Heimwehr festgesetzt, das ist einer jener Schönheitsfehler, die die Historie bald vergißt. Auch gesellten sich ihnen ja tatsächlich bald eine gewisse Zahl christlich-sozialer Politiker und sogar Priester zu, die mit den neuen Hunden zu heulen sich weigerten. Besonders diese kleinen Priester waren moralisch von großer Wichtigkeit - als Gegengewicht gegen ihren Wiener Erzbischof Innitzer, der Hitler mit dem Hitlergruß grüßte, und gegen den Bischof Houdal, der nach dem großen Kehraus später dem Wahlösterreicher und Judenausrotter Eichmann zur Flucht ins Ausland half, und überhaupt gegen alle österreichischen Bischöfe, die (1938, nach fünf Jahren Hitlergreuel im Nachbarreich, also sehenden Auges) die Invasion in einem gemeinsamen Hirtenbrief begrüßten und die »Befreier« ihrer Loyalität und Zusammenarbeit versicherten. Franz von Papen, Hitlers Botschafter in Wien, hatte da wieder einmal seine Hand im Spiel.

Solcher Loyalitätsversicherungen bedurfte es natürlich nicht erst seitens der Austronazis und aller anderen, die seit jeher großdeutsch gesinnt gewesen waren. Ihre Provinzwelt war der Nährboden Hitlers gewesen - sie brauchten ihm nicht erst zu folgen, was er brachte, war nur ihre Entfesselung. Sie stellten eine große Zahl der schlimmsten Schläger des Dritten Reichs, der sadistischsten Wachen und Mörder in den KZs, der Judenschlächter nicht aus »reichsdeutschem« Perfektionismus sondern aus österreichisch-emotioneller, individueller Grausamkeit. Die

Erzbischof grüßt Führer

beiden Burger, die beiden Maurer, die die Stadt Stanislau ausmordeten, Nowak, der »Fahrdienstleiter« des Eichmann, Kaltenbrunner, der Heydrichs Nachfolger wurde, Seyß-Inquart, der Österreich an Göring auslieferte, Odilio Globocnik, Leiter der »Aktion Reinhard« zur Vernichtung aller Juden in Polen. Und die Ungezählten, die man nie fand? Oder fand und nicht stellte? Oder stellte und freisprach oder zu lächerlichen Strafen verurteilte? Auch sie waren Österreich. Und von »kollektiver Scham«, wie Heuss in Deutschland, sprach in Österreich keiner. Weil keiner sich schämte. Kaum der Krieg vorüber, war es keiner gewesen, das Wort »deutsch« verschwand von jedem Briefkopf, von jedem Ladenschild. Sie waren ein erobertes Land. Sie rechneten sich den Siegern zu. Sie forderten und bekamen »an Staatsvertrag«. Genug, wir wollten, wir könnten all das vergessen, wir dürfen es nicht vergessen, nicht einmal in diesem heiteren Buch, sonst verzerrt sich das Bild.

Als sie logischerweise auf Grund der endlich erreichten Sonderbehandlung von Deutschland Reparationen verlangen wollten, im Jahr 1955, sagte Adenauer, er gedenke, ihnen Hitlers Gebeine zu schicken, an Zahlungsstatt.

Ich habe schon zu Anfang vor der Lektüre dieses Abschnitts gewarnt. Für die Befolger der Warnung wurde er nicht geschrieben. Den Nichtbefolgern wird er von Nutzen sein bei seiner Begegnung mit dem Österreicher von heute, einem wie eh und je charmanten, leichtlebigen, brillant begabten und kultivierten Mann.

Man kennt keinen, wenn man nicht die Skelette kennt, die er tief hinten in seinem Schrank verwahrt.

Dieses Kennen ist man dem Österreicher schuldig, der nicht der Besitzer solcher Skelette ist. Er stellt, trotz allem, die überwältigende Mehrzahl derer, denen der Besucher begegnet. Daß er den Unterschied zwischen ihnen und den anderen kenne - darauf hat diese Mehrzahl ein gutes Recht.

So viel zur Geschichte Österreichs.

Wer ist nun also der Mann, dem der Deutsche begegnet? Wie sind wir selbst diesem Mann zuletzt begegnet, in diesem Buch?

Da haben wir also zunächst Homo Alpinus, den Alpentalbewohner, deutsch bis auf die Knochen, bewehrt mit Lederhosen, Gamsbart, einem schlichten Gemüt und nicht viel mehr, dem man im dreizehnten Jahrhundert eine böhmische Aufmischung verordnete.

Dann kamen für sechseinhalb Jahrhunderte die Habsburger, die sich allerlei zusätzliche Hintersassen erheirateten - tu felix Austria, nube. Dem braven ostarrichischen Homo Alpinus erheirateten sie damit außer der böhmischen noch alle anderen slawischen Rassenmischungen, Nord und Süd, dazu Magyaren und Italiener. Und die französischen Mariagen mit dem Lothringer, mit Ludwig dem Sechzehnten, mit Napoleon, und die französische Besetzung Wiens, brachten außer der »Franzosenkrankheit« auch sonst allerlei Französisches. Und die Türkenkriege!

Mercurii Relation in München, 1685 (also unser *Münchner Merkur,* und ob man bei dem auch heute noch 1685 schreibt?), meldet aus Wien: »Es kommen aus dem von den Kaiserlichen eroberten Neuhäußl in Ungarn vil Türcken Manns- und Weibs-Personen dahier an, welche von vilen zur Rariteit mit nach Hauß genommen werden.«

Und die *Ordentliche Wochentliche Post-Zeitungen,* ebenfalls aus München: »In Neuhäussel hat das Christliche Heer auch den Weibern und Kindern nicht Quartier gegeben, jedoch haben sie des Bassen schöne Weiber pardonirt, und Anfangs eine vor 50, hernach gar vor 100 Reichsthaler verkaufft, und sollen lang von Statur, mit schönen schwarzen Augen gezieret, und weiß und Roth von Angesicht formirt gewesen sein.«
Kurzum, die den Ostarrichi damals beigemischten eroberten Türkinnen. Und die Zigeunerinnen. Und, illegitim seit jeher und seit etwa 1800 trotz Protests beiderseitiger Verwandtschaften legitim und legal, all die Juden und Jüdinnen! Wenn Rassenreinheitsfimmel und Ariernachweis schon immer ein vertrotteltes Ideal geistig Minderbemittelter für geistig Minderbemittelte gewesen sind, eine Zuchtwahl nach unten, so erwies sich das nirgends so sehr wie bei der Emporveredelung des österreichischen Homo Alpinus zur grandiosesten Promenadenmischung der Welt. Jeder Hundebesitzer weiß, wie »edel« ein hochgezüchteter Hund ist - und wie dumm, verglichen mit einem Köter. Dieser Österreicher - wie viele Begabungen, italienisch-musikalische, zigeunerisch-temperamentvolle, die böhmisch-demokratischen des zäh-schlauen Widerständlers Schwejk, dazu ungarisch-kulinarische, jüdisch-kosmopolitische - welche Begabung nicht? (All jene schönen Türkinnen!)
Und nun die Pleiten von 1918 und 1945, die all das Internationale zunächst wieder wegrasierten und den Homo Alpinus allein auf dem Felde ließen - mit einer viel zu großen Hauptstadt, die für ein weites Reich berechnet gewesen war und nun neubesiedelt sein wollte. Sie ist vielleicht die einzige Stadt Europas, die seit 1918 bis zum heutigen Tag nicht gewachsen ist - trotz der zähen Bemühungen des Homo Alpinus, die Löcher zu füllen, die die Abwanderung der Ex-Hintersassen hinterließ. Ja, das war es: dieser Alpinus aus der Provinz, aus Klagenfurt, Linz, Graz, Krems, Scheibbs wanderte in die Barockstadt Mozarts, in die Biedermeierstadt Beethovens ein. Nach jenem feschen kleinen Bürger-

Schön türckische Rariteit zum mit nach Hauß nehmen

krieg gegen die Austromarxisten im Februar 1934 war ich von Wien nach England ins Exil gegangen, gleichzeitig mit meinem Mitwiener Fritz Kortner, wir machten in London gemeinsam einen Film, dann blieb ich dort, er fuhr weiter nach Hollywood, die Verbindung zwischen uns riß ab - bis wir einander einundzwanzig Jahre später wiedertrafen, in Wien, 1955. Zufällig, in der Hotelhalle, beide waren wir nach all der Zeit zum erstenmal wieder dort. Ich kam frisch vom Bahnhof, ich sagte: »Herrlich wie eh und je, diese Stadt - nicht wahr?« Darauf Kortner: »Ja. Aber was man braucht, ist eine andere Besetzung.«

Er hatte recht, die Besetzung, die sich uns darbot, gekleidet in steirergrün passepoilierte Herrenanzüge alpinen Zuschnitts, mit gamsbartbewehrten Lodenhüteln auf manchem Frauenkopf - was war da mit unserem Wien geschehen? Der Homo Alpinus war von außen her ins Zentrum der Metropole vorgerückt. Und doch hatte Kortner zu zwei Dritteln unrecht an jenem Tag. Nur ein Drittel waren waschechte Alpinisten aus den Vorstädten und der Provinz. Die anderen zwei Drittel hatten einfach zehn Jahre Engländer, Franzosen, Amerikaner, Russen hinter sich (der »Staatsvertrag« samt Abzug der Einquartierung kam erst ein paar Monate später) - und wie sehr verschieden die Methoden waren, nach denen man mit diesen fremden Behörden und Soldaten zu verkehren hatte, in einem waren sie alle gleich: Man hatte zu tun, was man konnte, um sich von den eben besiegten und aus dem Land geworfenen »Reichsdeutschen« zu unterscheiden.

Wie tat man das? Sehr unpopuläre Besatzer waren die Franzosen, hier wie anderswo. Sie sind nicht die einzigen, die, charmant und nüchtern als Einzelwesen und in Zivil, zu unerträglichen, größenwahnsinnigen Chauvinisten werden, wenn man ihnen den leisesten Anlaß gibt, sich in Uniformen zu kleiden. Uniformiert wird jeder zu seinem eigenen de Gaulle.

Glücklicherweise gab es diese Franzosen nur in Tirol und Vorarlberg, näher an

Besatzungsmächte

Wien kamen sie nicht wirklich heran. Doppelt unpopulär: fürs »Tu felix Austria nube« waren sie das falsche Objekt, sie brachten so rasch wie möglich Urahne Großmutter Mutter Kind mit - das war für Österreicherinnen kein Leben, angesichts der siegreichen Damen.

Die Engländer wieder verstand man nicht. Sie waren zu korrekt, sie heirateten sogar, wenns drauf ankam - aber wen heiratete man, wenn man so einen Gentleman heiratete? Eines Tages, das muß 1948 gewesen sein, kam ein in Tränen aufgelöstes Mädchen in mein Haus in Kent, sie wußte nicht ein noch aus, sie war eine Grazerin aus dem besseren Bürgertum, hatte einen wortkargen englischen Besatzer geheiratet, einen Gentleman, wenn es je einen gab, und nun sie mit ihm in seine englische Heimat gekommen war, stellte sich heraus, daß er nicht, wie sie erwartet hatte, zur Country Gentry gehörte - er arbeitete bei mir im Garten zweimal wöchentlich gegen Stundenlohn. »Und ich kann ihm nicht einmal was kochen«, sagte sie bitterlich schluchzend. »Er ist ein sonderbarer Mensch - Gulasch ißt er nicht.«

Gulasch ißt er nicht - das war das perfide Albion. Wirklich ausgezeichnet kam man nur mit den Amerikanern aus. Mit ihnen konnte man vorteilhaft reden - in ihrem Schwanken zwischen Minderwertigkeitskomplexen und Angeberei waren sie nichts wenn nicht intim. »Pally«, das war das Wort. Sie kamen so weit her - sie wußten nichts von nichts. Auch für »tu felix Austria nube« hatten sie viel Verständnis – besonders wenn man gleichzeitig über die vierten Besatzer schimpfte, die Russen, und dazu ein paar Greuelgeschichten wußte, womöglich zum Thema »Vergewaltigung«.

Diese Vergewaltigungen hatte es in rauhen Mengen tatsächlich gegeben, solange noch die erste Kampftruppe im Lande war. Als sie gegen streng disziplinierte Formationen ausgewechselt wurde, kam eine korrekte, kontaktlose, miese Zeit - das Hinzuerfinden weiterer Vergewaltigungs-Stories war der einzige Zeitvertreib, wenn man absieht vom Genuß der eingeschleppten Kulturgüter wie des

»Und da haben s' mich alle vergewaltigt!«

streng bewachten Denkmals der Roten Armee, auf einem der schönsten Plätze Wiens, errichtet im feinsten stalinistischen Stil.

Es war, von den Russen her gesehen, ein Akt besonderer Noblesse, den Österreichern all diese Kulturdenkmale angedeihen zu lassen - obgleich kein Russe keinem Österreicher zu glauben bereit war, daß er nicht ein besiegter Feind sondern ein Alliierter sei. Sogar ihre eigenen Leute, die paar österreichischen Kommunisten, waren für sie nur Alliierte dritter Güte, sie wurden kaum besser behandelt als die Nichtkommunisten - und das einzige Ergebnis ihrer enthusiastischen Dienstwilligkeit gegenüber den Genossen aus Moskau war, daß ihre Partei sich von einer bald einsetzenden galoppierenden Schwindsucht nie mehr erholt hat.

Dabei hatten sie es so gut gemeint! Als sich 1945 herausstellte, daß es zur Stärkung des russenfreundlichen Elements zu wenig Kommunisten in Wien gab,

regte es sich unter den in alle Länder Versprengten: Heim nach Österreich! Ich war damals in London und sah ihr Dilemma. Sie wollten heim - aber das Leben in England so ohne weiteres aufzugeben, ohne sich den Rücken für eine eventuelle Rückkehr rückzuversichern: das wollten sie wieder nicht.
Wie aber rückversichert man sich einen Rücken? Die dialektisch korrekte Antwort war offenbar: indem man zwar österreichisch bleibt, aber Engländer produziert. Jeder in den Britischen Inseln Geborene hat einen Anspruch auf ein britisches Visum - und ist es ein Kind, so gilt das auch für die Eltern, Kapitalist oder sonstwas.
Das Ergebnis dieser dialektischen Erwägungen war, daß die kommunistische Partei Österreichs in England über Nacht schwanger wurde. Ein paar hastig ausgeknobelte Heiraten - so weit sie nicht ohnedies schon verheiratet waren -,

- hier schwoll der Beweis

und dann ging es los. Bei alt und jung, bei dick und dünn, hübsch und nicht ganz so hübsch. Es muß in einer und derselben, von der Partei dialektisch errechneten Nacht geschehen sein, hatte ich den Verdacht, denn der Fortschritt der Schwangerschaften in Reih und Glied sprang in die Augen.
Mehr noch: Personen, von denen man durchaus nicht angenommen hatte, daß sie zur Partei gehörten - hier zeigte sich's, hier schwoll der Beweis. Auch der Abzug nach Österreich erfolgte dann noch korporativ. Und dann, dort - der Undank, die galoppierende Schwindsucht der Partei!

Ja - was unternahmen die Österreicher nun also, um wenigstens den drei zugänglicheren Besatzern klarzumachen, daß man nicht ein reichsdeutscher Nazi war, sondern ein zähneknirschend die Naziherrschaft ertragen habender Repräsentant des österreichischen Widerstands? (»In Österreich *und* in Deutschland - keine Widerstandshandlung, an der nicht ein Österreicher so oder so beteiligt war«, sagte mir einmal einer. Ich: »Na - der 20. Juli? Wer?« Er blickte mich ernst an. »Ohne Hitler kein 20. Juli«, sagte er. »Also schon wieder ein Österreicher die Hauptperson.«) Dazu die Tracht - das habe ich schon erwähnt. Für ein Drittel der so Betrachteten war die Tracht legitim - für zwei Drittel (und da lag Fritz Kortners Fehleinschätzung) waren Lodenhut und all das eine Tarnung. »Ich bin ein Österreicher, kennt ihr meine Farben« - so war das. Noch kurioser als dieser optische war - und ist, denn das ist geblieben - der akustische Effekt dieser patriotischen Ostentation. Menschen, die nie zuvor davon geträumt - die es weit von sich gewiesen hätten, je etwas so Unkultiviertes wie ein österreichisches Dialektwort in den Mund zu nehmen: jetzt, plötzlich, sprachen sie, sprechen sie Tirolerisch, Steirisch, Weanerisch. Weanerisch jedenfalls genug für die Ohren von Piefkes und sonstigen Zuagrasten. Durchaus nicht für authentische Österreicher, deren jeder, die Ortung österreichischer Dialekte betreffend, ein Professor Higgins ist, geradenwegs aus Shaws »Pygmalion«.

Also wieder einmal die subtile österreichische Tarnung. An Zuagraste: Sie seien gewarnt! Obgleich auch diese Tarnung nichts Ernstes ist. Man erinnere sich des Unterschieds zwischen österreichischen und deutschen Zuständen während der Kriegszeit. In Deutschland waren sie ernst, aber nicht hoffnungslos. In Österreich waren sie - sind sie - hoffnungslos, aber nicht ernst. Oder auch: Wie chaotisch dem Zuagrasten die Welt auch erscheinen möge in Österreich - man kann dort leben, denn es ist ein Chaos gemildert durch Schlamperei.

Kortners zweiter Fehler an jenem Tag war natürlich, daß er nur die sichtbaren Österreicher sah - nicht die unsichtbaren. Auf die aber kommt es an. Ich habe aus ganz anderem Anlaß einmal über die Ungarn gesprochen, Juniorpartner der Österreicher in der k. u. k. Monarchie - und wie die einzuteilen seien in Lokal-Ungarn, langsam sprechende Autochthone, wenn irgend möglich mit verschnürtem Magnatenrock, nie rühren sie sich aus Ungarn weg, wozu denn, da es ja doch der Nabel des Universums ist - und in Export-Ungarn. Diese werden mit an diskreter Stelle schon eingebauter Raketenvorrichtung geboren, einer Rakete, die, selbstzündend zu vorausprogrammierter Zeit, ihre Nutzlast, den Export-Ungarn also, in einem Schrägschuß abendlandwärts in die Stratosphäre hebt, aus der er, untrüglich zielgerecht, auf München, Paris, London, New York, Hollywood niedergeht, um dort in jeder Branche von Literatur, Kunst, Wissenschaft zwar nie zum Ersten aber stets zum Posten des Reserve-Ersten emporzuklimmen, jenes Reserve-Ersten, der überall die Beziehungen hat und als Back Room Boy den Betrieb beherrscht, die dort-nationale Gummiwaren- oder Filmindustrie oder, je nachdem, auch die Wasserstoffbombenerzeugung des betreffenden Kontinents.

Ich erwähne diese Spezies nicht, um nun etwa zu sagen: Der Export-Österreicher ebenso. Mir geht es um den instruktiven Kontrast. Die Entwicklung des Export-Österreichers ist ungleich subtiler. Als k. u. k. Herrenmensch in Habs-

burgerzeiten, also bis 1918, hatte er, vor allem in südlichen und östlichen Gegenden, den Ruf eines launischen Tyrannen gehabt - wobei für die damals noch in Unterwerfung gehaltenen Hintersassen und sonst Betroffenen das Launische die Tyrannei nicht minderte, sondern unberechenbar machte, also erschwerte. In Nestroy-Komödien findet man diesen übelgelaunten Despoten - Haustyrann ist er gern, oder Mieter-Tyrann, wenn er das Haus besitzt.
Als dieses Image des weit und breit unpopulären Tyrannen 1918 und, auf vertracktere Manier, dann wieder 1945 zusammenbrach, reagierte der Österreicher mit der ihm eigenen hohen Begabung. Er trauerte nicht dem Ruhm des Prinzen Eugen und der Generale Laudon oder Radetzky nach oder jenes einzigen Admirals Tegetthoff, dem man nach Gewinnung der einzigen österreichischen Seeschlacht auf dem Wiener Praterstern ein Monument errichtet hatte, das mit der Nelson Column auf dem Londoner Trafalgar Square konkurriert - er trauerte weiterhin überhaupt keiner seiner ohnedies unglaubwürdigen Manifestationen eines historisch-politisch-soldatischen Kraftmeiertums nach, sondern sah sich nach einem neuen Image um.

Welches Image? Eines lag für ihn bereit und war ihm gemäß. Daß alle besseren Musik-Genies Österreicher gewesen sind, wurde hier bisher gar nicht erwähnt - so sehr versteht es sich von selbst. Und mochte es Beethoven (schließlich bloß ein Wahl-Österreicher) mit seinen Zeitgenossen noch ein wenig schwer gehabt haben - Johann Strauß hat es schon leicht gehabt. Seinem überdimensionalen, internationalen Widerhall, samt dem seiner Verwandten und Freunde, folgte die Industrialisierung: der beispiellose Export-Boom dessen, was man die Wiener Operette nennt. Die für sie als Träger von Arien und Duetten, Sopran, Alt, Tenor, Bariton geschaffenen, streng standardisierten Wachsfiguren wurden in Bebra und Bückeburg, in Boston und Bombay tagtraumhaft-mißverständlicherweise für typische Wiener gehalten, die Operettenkulissen für eine garantiert naturgetreue Wiedergabe der alten Kaiserstadt. Und langten diese Illusionierten im Zug des stets beliebten Fremdenverkehrs dann tatsächlich an der Donau an, so wäre es nicht nur ein schlechtes Geschäft gewesen, ihnen desillusionierenderweise nicht zu liefern, was sie erwarteten (an schlechte Geschäfte ist man schließlich in Österreich gewöhnt), sondern überdies taktlos. Taktlos - das geht zu weit. Also entschloß sich der nach Zerstörung seines miesen alten ohnedies auf der Suche nach einem neuen Image Begriffene, den Zuagrasten zu bieten, was sie sehen wollten.

Soweit, so gut. Derlei kennt die Fremdenindustrie überall. Man denke nur an Paris, an die falschen Apachen des Lapin Agile, an das falsche Laster der Stripteaselokale der Place Pigalle - all das, um weither angereisten Amerikanern jenes Gay Paree zu bieten, das das Reisebüro ihnen versprochen hat. Der Unterschied gegenüber Wien ist nur: kein auf Stundenlohn engagierter verkleideter kleiner Maler oder Student glaubt, daß er ein echter Pariser Apache ist, kein braves Stripteasemädchen hält sich für die Absynth-Trinkerin von Toulouse-Lautrec. In Wien aber haben die nach einem neuen Image Suchenden, sich gastfreundlicherweise dem Fremdenverkehr zuliebe Verstellenden unversehens die Komödie wahr gemacht: wie unlängst noch der unselige Goebbels sind sie ihrer eigenen Propaganda aufgesessen, schon glauben sie selbst daran, daß sie jene Operettengestalten sind, jede Wienerin eine Soubrette, jeder Wiener ein Bonvivant, haltets ihn zruck, auf die leiseste Provokation hin beginnt er gezwirbelten Stöckchens zu tanzen und schmettert dazu eine Arie.

Das ist das Selbstverständnis des neuen Österreichers, so hat er seine Entmachtung glorios überwunden, seht hin, er glaubt selbst daran. Von der Penetranz des Export-Ungarn keine Spur. Er muß nur ins Zimmer treten - schon hört der Zuagraste schluchzende Geigen, auch wenn es weit und breit keine Geige gibt. Auch in die Heimat zurückgekehrt, hört der einmal zuagrast Gewesene jene schluchzenden Geigen noch, wann und wo immer er einen Export-Ostarrichi trifft. Auch wird dieser ja wirklich, seinem neuen Image, dem geschluckten eigenen Köder entsprechend, sich um nichts Prosaischeres bemühen als um die schönen Künste.

Auch um die schönen Frauen? Aber gewiß doch. Doch verlangt das nach einem Sonderkapitel - österreichische Erotik, das ist ein weites Feld.

Ein weites Feld - von welcher Seite her es betreten?
Am besten vielleicht wieder vom Juniorpartner her - dem Kontrast zulieb. Simone de Beauvoir berichtet in ihren Memoiren von einem ungarischen Studenten an der Sorbonne - er offeriert einer Kommilitonin, mit ihr zu Bett zu gehn - nein, danke, sagt sie - schon ein wenig irritiert wendet er sich an eine andere Kommilitonin - sie sagt: non, merci - daraufhin, er versteht die Welt nicht mehr, ruft er aus: »Aber wieso? Ich bin doch aus Budapest!«
Hier schon der Unterschied. Ein Österreicher hätte das zwar ganz genauso gedacht, aber nicht gesagt. Ganz abgesehen vom Tempo - das ja allerdings in dieser Form jener an diskreter ungarischer Stelle eingebauten Raketenvorrichtung entsprechen mag. Einer dieser Raketenchampions verriet mir einmal in schwacher Stunde sein sexuelles Geschäftsprinzip. »Was nicht geschieht binnen die ersten zwölf Stunden, bitte sehr«, sagte er, »das geschieht überhaupt nicht, also am besten der Gentleman laßt von so eine Dame die Hand. Es stinkt!«
Wie anders blickt dies Bild mich an als das jenes Ostarrichi, der, obgleich bloß ein schlichter Homo Alpinus, in meiner Hörweite auf einer Alm im Ausseeischen schwerschuhig an einem anderen Alpenbewohner vorbeischritt. »Zeitlassn«, rief statt eines jeden andern Grußes der eine dem andern zu - »Zeitlassn«, grüßte der andere, so gingen sie aneinander vorüber. Für alle anderen Öster-

reicher bedarf es gar nicht erst dieses Grußes. Sie lassen sich Zeit. Das berühmt-berüchtigte Wiener Kaffeehaus: Zeit. Mag man es noch so treffend soziologisch darauf zurückführen, daß man in Wien (wie übrigens auch in Paris) durch all die Jahrhunderte schlecht gewohnt hat, in Mietskasernen, deren Besitzer, der Hausherr, die ihm ausgelieferte Populace auch auf dic kleinste, nötigste Reparatur zwei, drei Jahre oder Jahrzehnte warten ließ. (Die Redensart »Es san sogar schon Hausherrn gstorben«, dieser Hinweis auf die Vergänglichkeit der von Kirche und Kaiser gewollten ständischen Privilegien scheint von Nestroy zu stammen, jedenfalls aus seiner Zeit - ein fadenscheiniger Trost der Wiener Mieter quer durch eine scheckige Zeit und ihre kühnste Annäherung an Revolution und Rebellion.) Und diese Hausherren-Häuser wurden abgelöst von den Mammut-Wohn-Bienenwaben der sozialdemokratischen Stadtverwaltung, in denen es erst recht keine Privatheit gab. Man brauchte also ein Home from Home - daher das Kaffeehaus, in dem man bei einer Schale Braun acht Stunden saß, sechzehn Gespräche mit Bekannten führte, Geschäfte machte, telefonierte, vor sich hindämmerte, zweiunddreißig Zeitungen und Zeitschriften las, Schach spielte, Karten spielte und seine Damen traf.
Mit den meisten dieser Kaffeehäuser ist es leider aus - ach, sprechen wir nicht davon. Es soll ja jetzt sogar eine dreistellige (Enthusiasten behaupten: eine geradezu vierstellige) Zahl komfortabler Wohnungen geben in der Stadt Wien - wohin geraten wir! Aber der Rhythmus des alten Kaffeehauses und jener Bergbauern ist dem Österreicher geblieben - wenigstens *in eroticis*. Zeithaben. Nix zwölf Stunden oder der Gentleman, bitte sehr, laßt die Hand davon. Sich Zeit nehmen für die Dame. Das Geheimnis des sogenannten »Erfolgs«. Sich um sie kümmern. Ein »Kümmerer« heißt so ein Typ in Wien und wird sehr geschätzt. »Gnädige Frau« - mit einem tiefen Blick -, »erzählen Sie mir von sich.« Dieses »von sich« ist das Schlüsselwort. Selbsterzähler sind aus Ungarn - wenn nicht geradezu aus dem Deutschen Reich.

Oder auch: »Nein, gnädige Frau, was solls denn, daß ich mit Ihnen weiter diskutier, Sie sind mir ja doch so sehr überlegen - da kann man nur hinknien.«
Ah, faszinierend. Daß diese Charmeure manche Damen überaus langweilen, ist ein bösartiges Gerücht. Es sei denn, die Betreffenden hätten mit Österreichern schon vorher ausführlicher zu tun gehabt und sich übergessen. Schließlich: man überißt sich an den feinsten Petits-Fours. (Anders ausgedrückt: Es gibt ja sogar welche, die finden die Papagalli schick. Am besten, man fragt mich nicht. Nur daß ich selbst ein Österreicher bin, gibt mir das Recht, so über Österreicher zu sprechen. Von jedem Nicht-Österreicher verbäte ich mir derlei mit jener Entschiedenheit, die für unsereinen charakteristisch ist. Und nur wenn mich eine Zuagraste ganz, ganz vertraulich bezüglich eines Mitwieners fragte, ob sie nun also solle - mein vertraulicher Rat wäre: ich an ihrer Stelle täte es nicht.)

Was hat die Vorstellung der Zuagrasten von der Wiener Erotik geprägt? Das Export-Image der Operette - das sagte ich schon. Und zur selben Zeit für Ernsthafte: Sigmund Freud. Nicht die Psychoanalyse als solche, selbstverständlich. In Freuds Schriften drängt sich nicht eben die attraktive Wienerin. Freud hatte es in Wien nicht leicht - nemo propheta in patria, und ein Jud dazu. Das bezog sich nicht einfach auf die »Bevölkerung«, Bevölkerungen nehmen auch sonst nicht Notiz. In einer Stadt, in der jeder bessere Gemeindepolitiker auf ein Jahrhundert zurück eine nach ihm benannte Gasse hat, erinnerte bis gestern an Freud nichts als eine kleine Gedenktafel an seinem Wohnhaus. Bis gestern, sagte ich. Heute lese ich in der Zeitung: »Auf Bitte einer vor kurzem gegründeten hiesigen Sigmund-Freud-Gesellschaft hat die Wiener Kulturstadträtin mit dem Wohnungsstadtrat beschlossen, daß die Wohnung in der Berggasse 19, in der der bekannte Psychiater vor seiner Emigration lebte, für ein S.-Freud-Museum ausersehen wurde. Die inzwischen dort eingewiesenen zwei Mietparteien erhalten Neubauwohnungen.«

Na also. Na bitte. Es lebe die treffliche Kulturstadträtin sowie das Wohnungsamt.
Schwieriger hatte es der Begründer der Psychoanalyse ja allerdings unter den Kollegen.
Eine Außerordentliche Professur (was bloß eine mit der österreichischen Titelfreudigkeit aufgeputzte Erlaubnis ist, unobligatorische Universitätsvorlesungen zu halten, wenn er Studenten fände, die ihm zuhören wollten) - selbst diese Titular-Professur also bekam Freud spät im Leben nach heftiger Opposition Wagner-Jaureggs, des zuständigen Ordinarius. Als ich, Medizinstudent, zum erstenmal Freuds Kolleg suchte, fand ich ihn nach langer Bemühung in einem Klassenzimmer weit hinten in der Psychiatrischen Klinik. Er hatte längst begonnen, er hatte offenbar etwas erklärt, einen Traum vielleicht - da ich behutsam eintrat, sagte er eben: »Sie mögen sagen, das ist sehr gesucht - darauf antworte ich Ihnen aber: es ist auch sehr gefunden.«
Und es gab eine Kategorie von Menschen, die ihre Mission darin sahen, dieses von Freud sehr Gefundene auf eine sehr gesuchte Weise unter die Leute zu bringen: die damaligen österreichischen Schriftsteller. Sie waren die Popularisatoren, die Freuds schwer zugängliche Theorie belletristisch aufbereiteten - geschäftig, auch geschäftstüchtig, gewiß, aber warum nicht?
Unter ihnen war Arthur Schnitzler der erste, wichtigste und bedeutendste - der einzige wohl, der nicht nur nahm sondern auch gab, nach Freuds eigenem Zeugnis. Sein Werk hat das erotische Image der »Wienerin« literarisch geprägt - und für Bücherleser, für Theaterbesucher nicht nur literarisch: die Zuagrasten unter ihnen suchten und suchen in Wien die Schnitzlergestalten in Fleisch und Blut. Schnitzler tat damit mehr für den permanentesten österreichischen Heiligen, den Heiligen Fremdenverkehr, als sonstwer, aber eine »Gassen«, ein Denkmal oder sonst was hat natürlich auch er noch nicht. (Allerdings - auch er ein Jud.)
Schnitzlers »Reigen« vor allem - und wäre das hier nicht ein kurzes Buch, so

setzte ich diese »zehn Dialoge« hierher und sparte mir damit jede weitere Darstellung der Erotik in Österreich. Denn wurde das auch schon vor siebzig Jahren geschrieben - die Erotik ist, neben der endemischen Schlamperei und der chronischen Pleite, in Österreich das einzige statische Element. (Aere perennius. Ebenso: Tu felix Austria nube. Ferner: In orbe ultima.)
Es geht da, man erinnert sich (wer sich nicht erinnert, kaufe sich statt eines Reiseführers den Schnitzler-Text) - es handelt sich also um ein Wiener Straßenmädchen, das es mit einem Soldaten - um diesen selben Soldaten, der es mit einem Stubenmädchen - um das Stubenmädchen, das es mit dem Sohn des Hauses treibt - dann treibt es dieser junge Mann mit einer seitenspringenden jungen Ehefrau - sie mit ihrem Mann - dieser Ehemann mit jener unter Zuagrasten populärsten Wunschtraumfigur des imaginierten erotischen Betriebes in Österreich, dem Mädel aus der Vorstadt, auch »Süßes Mädl« genannt, in linguistisch ambitiöseren Piefke-Zirkeln spricht man ihm die Beschäftigung mit Putzwäsche und dementsprechend aufs Dialekt-Vertrauteste eine Bezeichnung zu, die etwa wie »Waschermaderl« klingt. Oder wie »Waschermadrol«, so behauptete Karl Kraus. (Einziger phonetischer Hinweis in diesem Buch: Wer das wienerische Diminutiv »-erl« aussprechen will, hüte sich vor dem »r«. Er sage statt dessen »adl«. Sagt er es übungshalber fünfhundertmal leise-laut vor sich hin - »Waschermadl«, oder »Kindadl« für »Kinderl«, deutsch »Kindchen« - so hat er das Ziel der Klasse erreicht. Oder er reist ab.)
Wo waren wir? Der Ehemann mit dem Waschermadl also - dieses mit einem Theaterdichter - der es mit einer Schauspielerin - die es mit einem Grafen - der es, besoffen, mit jener ersten Prostituierten treibt, womit der Reigen geschlossen ist. Herrlich. Ich wollte, ich hätte das geschrieben. Ich habe es Jahrzehnte lang zu plagiieren versucht - mit relativ geringem Erfolg.
Neben dem schon beschriebenen Waschermadl (das so irreal und doch überreal ist wie seine Kusine, die Midinette in Paris) ist es vor allem die seitenspringende

Ehefrau, die uns interessiert - hier, wo es um Österreichs erotisches Image geht. Ihr Seitensprung ist atypisch. Während in Paris die Mädchen wie in allen romanischen Ländern aufs strengste behütet sind und sich nach der Eheschließung fast ebensooft einen amant suchen wie ihr Ehemann eine amante (für die berühmte »heure bleue« zwischen Büroschluß und Abendbrot en famille - erst wenn einer nicht zum Abendbrot heimkommt, geht die Ehe in die Brüche), ist es, Ausnahmen ausgenommen, in Österreich umgekehrt: die Mädchen sind von einem zutraulichen Naturell - aber heiratet so eine einmal, so ist sie treu wie die Wacht am Rhein. (»Treu wie die Wacht an der Donau« wäre eine historische Perversität.) Der Romanzen suchende Zuagraste wird nach diesem diskreten Hinweis im Bilde sein. (Berühmte »Nachher-Worte«, an denen der Fremde die Typen leicht unterscheiden kann: Die ausnahmsweise Gestrauchelte sagt nachher: »Was werden Sie jetzt von mir denken?« - das Waschermadl sagt: »Jetzt hab i an Hunger.«)

Spreche ich noch immer von Schnitzler? Dann ist es an der Zeit, die anderen literarischen Popularisierer Sigmund Freuds zu erwähnen - zwei wenigstens, sie stehen für eine ganze literarische Schule.

Am wenigsten über Stefan Zweig, der das kommerzielle Leitbild jener gefühlvollen Schule war. Ah, Stefan Zweig. Haltets mi zruck, oder auf reichsdeutsch ausgedrückt: an dieser Stelle halte man mich zurück, denn begänne ich, von ihm wirklich zu erzählen, so füllte sich dieses Buch. Im Gegensatz zu Arnold, mit dem er weder verwandt noch identisch war, hieß er »der Geschäftszweig«. Dabei war es doch lediglich so, daß er das kommerzielle Prinzip der väterlichen Textilfabrik, in jedem Land, in jeder Stadt einen Vertreter oder wenigstens Korrespondenten zu haben, ins Literarische übertrug. »Lieber Freund« nannte er einen jeden - in keinem Land, in keiner Stadt mit mehr als fünftausend Einwohnern hatte er nicht einen »lieben Freund«, der dann auf dem Bahnsteig stand, wenn er dort auf Literaturgeschäftsreise vorüberkam, und am nächsten

Morgen den Begrüßungsartikel im Kreisblatt schrieb oder die enthusiastische Rezension des neuesten Zweigschen Buchs. Und die Damen - wer wollte da nicht alles mit Autogrammen bedacht sein von einem, dem nichts Frauliches fremd war, Brennende Geheimnisse und Erste Erlebnisse, Ungedulden des Herzens und Verwirrungen der Gefühle - ah, was nicht sonst alles innerhalb der Vierundzwanzig Stunden im Leben einer Frau, und alles Freudianisch modern-modern und doch zu jedermanns, jederfraus Gemeinverständlichkeit in bester Butter herausgebacken als Feuilleton in Wien. Genug, haltets mi zruck!
Er war der erfolgreichste unter den literarischen Export-Ostarrichi, aber auch alle anderen - wer immer unter den Schriftstellern konnte, exportierte sich aus Klein-Österreich mindestens bis nach Groß-Berlin. Es war ein Anschluß jenseits der Wechselfälle der Politik. Auch jenseits der Dialekte - die hochdeutsche Schriftsprache hatte man gemein, im großen und ganzen wenigstens. Grillparzer, Hofmannsthal: österreichisch oder vielleicht doch »deutsch«? Daß ein Wiener Schriftsteller, Musiker, Künstler in Deutschland ausstellt, singt, dirigiert, verlegt und sein Geld verdient, verargt ihm in Österreich nur der, dem das nicht gelingt.
Zurück zu Zweig und den Seinen. Bevor das Produkt exportiert wurde, stand es, wenn irgend möglich, in der *Neuen Freien Presse* zu lesen - ein blasser Nachfahr von ihr lebt immer noch, kann sich aber gar nicht vergleichen mit dem von Karl Kraus gehaßten, von jedem Wiener Bürger bewunderten Weltblatt, das diese »Presse« damals gewesen ist. Ihr Feuilleton! Wer da, neben Zweig, »hereinschreiben« durfte, gehörte zur Crème de la crème.
Wer zählt die Völker, nennt die Namen. Einer sei immerhin genannt: Felix Salten. Und zwar weil er nicht nur Edelfeuilletonist gewesen ist und Verfasser jener Tiergeschichten (»Bambi«), die in ihrer Lauterkeit die Freude jedes kindlichen Herzens sind - sondern zähen Gerüchten zufolge (er selbst hat sie, als ich ihn damals daraufhin ansprach, auf eine lächelnde Weise weder bestätigt noch dementiert), der Autor jener »Josefine Mutzenbacher«, die, ein schöner öster-

reichischer Rekord, der hier nicht fehlen darf, die begabteste und obszönste Pornographie deutscher Zunge ist. Sie wird immer wieder anonym aufgelegt, der richtige Buchhändler, richtig angesprochen, verkauft sie unter dem Ladentisch. Wer sie sich beschaffen kann - sie ist die richtige Abrundung des Bildes von der Erotik Österreichs.

Nachnotiz. Ähnliches sagte ich unlängst über die »Mutzenbacher« in einer Zeitschrift. Eine Woche später bekam ich einen tief entrüsteten Leserbrief. Aus Hamburg. Durch das, was ich gesagt hatte, freudig erregt, war mein Korrespondent nach St. Pauli geeilt, wo er einen Buchhändler kannte, offenbar einen Spezialisten für Werke dieser Art. Ob er die »Mutzenbacher« habe? Er hatte. Aber zu Hause entdeckte der Empörte: sie enthielt nicht ein einziges pornographisches Wort! - Ich ging der Sache nach. Ein findiger Verleger hatte das Buch, das im Original weder Autor noch Verlag noch Copyrightvermerk aufweist, zum Gimpelfang in einer Version gedruckt, die man jeder höheren Tochter zu Weihnachten schenken kann!

Um die literarische Ehre des Autors - wer immer der nun also gewesen ist - zu retten, sollte ich wenigstens eine Szene aus der echten »Mutzenbacher« hierhersetzen. Aber wie tu ich das, ohne daß der »Volkswartbund« -? Nun, ich riskiere es.

»Am nächsten Tag rückte ich mit Zenzi aus, und so begann meine Laufbahn. Wir gingen auf den Graben, Kärntnerstraße und so weiter. Es war Sommer, dazu hatte Zenzi mich gelehrt, mir das Hemd bis zum Gürtel herabzulassen, so daß ich die Brust unter dem Kleid bloß hatte. Zenzi riet mir, vor allem auf die Polizeimänner aufzupassen und von den Herren das Geld immer im voraus zu verlangen. Auf dem Graben stieß mich Zenzi an: ›Schau ... der geht uns nach!‹ Hinter uns ging ein großer, sehr nobel gekleideter Mann mit einem schwarzen Bart. Zenzi zog mich in die enge Dorotheergasse. ›Komm weiter‹, mahnte sie, da heraußen spricht er nicht mit uns.‹ Sie zog mich rasch hinter ein Haustor, dort warteten wir. Inzwischen kam der Herr herein. Zenzi sagte lächelnd: ›Wir können da auf die Stiegen gehn, es wohnt eh niemand in dem Haus.‹ ›Willst du ...?‹ fragte er mich. Ich betrachtete ihn mit großer Bewunderung, denn er sah feiner aus, als ich je einen Mann in der Nähe gesehn hatte, mit einem schönen Spazierstock mit einem silbernen Griff und einer feinen goldenen Uhrkette, die ihm um den Hals geschlungen war. ›Ich werd aufpassen‹, sagte Zenzi und stellte sich in einiger Entfernung von uns auf. Der feine Herr fuhr mit der Hand in den Spalt, den ich auftat, ich bemerkte mit ehrerbietigem Vergnügen, daß seine Hand ganz weich und zart war, und er war sehr erfreut zu finden, daß -«

Nein, nein, ade literarische Ehrenrettung, hier breche ich ab - eingeschüchtert durch den Volkswartbund des Kardinals von Köln!

Schon wieder Nachnotiz. Eingeschüchtertheit nicht mehr nötig. »Mutzenbacher« mit bloß fünfundsechzigjähriger Verspätung komplett erschienen. Allerdings im unzüchtigen München - nicht in ihrer züchtigen Heimatstadt.

Als ich mich darauf einließ, österreichische Autoren zu nennen, worauf ließ ich mich da ein! (Und dabei sehe ich eben, daß ich die österreichischen Maler vergessen habe, die »Sezession«, Jugendstil, Schiele, Klimt - vor allem den großartigen Kokoschka.) Ach, zu spät - da ich nun schon auf meine österreichischen Schriftstellerkollegen heruntergekommen bin. Wen nenne ich also, wen zitiere ich? Robert Musils »Mann ohne Eigenschaften«, den Österreicher an sich, aber das ist tausend Seiten lang. Heimito von Doderers »Strudlhofstiege« - sie ist kaum kürzer. Herzmanovsky-Orlandos »Gaulschreck im Rosennetz« - großartig, aber für den Zuagrasten ist das nicht mehr verständlich.

Vielleicht am besten zwei kurze Stücke über den österreichischen Literaturbetrieb?

Das eine ist von Egon Friedell und stammt aus den schon erwähnten »Goldenen zwanziger Jahren«.

Das andere, Dialog der österreichischen Dramatiker Hochwälder und Franz Theodor Csokor, ist von mir und von heute.

Die Österreichische Seele
Die Geschichte eines Zeitungsfeuilletons

1.

Herrn Dr. Egon Friedell, Wien.
Wir wären sehr erfreut, wenn Sie sich an unserer Weihnachtsumfrage, über deren Thema Sie aus der Beilage das Nähere ersehen, beteiligen wollten. Wir sind überzeugt, daß Ihr Beitrag eine Perle werden wird. Gewiß werden Sie das Bedürfnis fühlen, sich über den Gegenstand möglichst umfassend und eingehend zu äußern: trotzdem möchten wir Sie bitten, Ihre Darstellung mit Rücksicht auf die zahlreichen anderen Zusendungen möglichst zu komprimieren.

Hochachtungsvoll Redaktion der *Frankfurter Zeitung*.

2.

Sehr geehrter Herr Friedell!
Wir erhielten ein Couplet »In der Welt geht's drüber, drunter, aber Österreich geht net unter« aus der Feder des Salonhumoristen *Eugen Friedel*, dem die Post irrtümlicherweise unsere Einladung zugestellt hat. Wir schicken Ihnen anbei einen Durchschlag unseres Briefes und erwarten Ihr Manuskript in spätestens acht Wochen, das ist bis zum 15. Dezember.

Frankfurter Zeitung.

3.

Herrn Schriftsteller Hans Saßmann, Wien.
Lieber Freund,
es wird Dich gewiß freuen, zu hören, daß mich die *Frankfurter Zeitung* zu einem Weihnachtsbeitrag aufgefordert hat. Noch selten hat mich eine Arbeit so interessiert wie diese. Endlich erinnert man sich an das Land Walthers von der

Vogelweide! Das Ausland braucht uns halt doch! Und Österreich wird ihm zeigen, was es kann. Der Beitrag muß eine Perle werden. Du wirst daher einsehen, wie wichtig es ist, daß Du Dich sofort an die Arbeit machst. Aber bitte, nicht zu kurz, sonst heißt es gleich wieder, daß wir nur Plaudereien schreiben. Ich erwarte Dein Manuskript in spätestens acht Tagen.

Dein Egon Friedell.

P. S. Gib acht, daß nichts vorkommt, was bei Bahr und Hofmannsthal Anstoß erregen könnte. Das ist das Wichtigste.

4.

Lieber Friedell,
ich bin sehr erfreut und geschmeichelt, daß Du an mich gedacht hast. Auch mich hat noch selten eine Arbeit so interessiert wie diese. Nur kannst Du nicht verlangen, daß ich Dir meine *wichtigsten Überzeugungen* zum Opfer bringe. Warum soll man *Bahr* und *Hofmannsthal* nicht giften? Gerade bei der Behandlung eines so ernsten Gegenstandes, wo noch dazu die ganze Welt auf uns blickt, dürfen keine *persönlichen Rücksichten* mitsprechen. Das wäre *österreichisch.*
Das Manuskript erhältst Du binnen drei Tagen. Um welches Thema handelt es sich denn überhaupt?

Dein Hans Saßmann.

5.

Lieber Saßmann,
ich habe es kommen sehen, daß ich, sowie ich mich mit Dir einlasse, sofort Scherereien haben werde. Ich habe natürlich keine Zeit gehabt, den Brief so genau zu studieren, weil ich rasch ins Theater mußte, um ihn dort herumzuzeigen, und kann ihn jetzt absolut nicht mehr finden. Möglicherweise habe ich ihn im Café Prochaska auf dem Stammtisch liegen lassen. Im Café Grillhuber habe ich ihn

bestimmt noch gehabt. Es kann auch sein, daß mir ihn in der City-Bar jemand gestohlen hat, um sich damit patzig zu machen. Ich ermächtige Dich jedoch, bei der *Frankfurter Zeitung* anzufragen, worum es sich handelt.

Dein Friedell.

6.

Lieber Friedell,
ich tue doch gewiß alles, was nur menschenmöglich ist, aber das kannst Du nicht von mir verlangen. Ich kann doch nicht an eine Zeitung schreiben, von der ich kein einziges Redaktionsmitglied persönlich kenne. Ich weiß auch gar nicht, wie man eine solche reichsdeutsche Redaktion anredet. Zum mindesten müßtest Du mir also das Konzept des Briefes aufsetzen.

Dein Saßmann.

Gestern im »Schriftstellerklub« sind alle zersprungen, weil Du mich und keinen von ihnen aufgefordert hast.

7.

Lieber Saßmann,
zuerst hast Du die Sache mit Begeisterung übernommen, und jetzt soll ich alles für Dich machen. *Große Reden führen* und dann nichts leisten: das ist echt *österreichisch.*

Dein Friedell.

8.

Lieber Saßmann,
habe soeben vom Zahlkellner im Café Demimonde erfahren, daß es sich um einen Artikel über Österreich handelt. Jetzt hast Du also keine Ausrede mehr.

Dein Friedell.

9.

Lieber Friedell,
über Österreich zu schreiben, ist schwer. Was wird das Ausland dazu sagen?

Saßmann.

10.

Hochverehrter Meister!
Sehr geschätzter Herr Saßmann!
In meinem Restaurant habe ich erfahren, daß Sie der Hauptmitarbeiter der *Frankfurter Zeitung* sind. Schon lange war es mein Wunsch, an diesem hervorragenden Organ ebenfalls mitarbeiten zu dürfen. Es wird Ihnen ein leichtes sein, durch Ihre Beziehungen dies zu vermitteln. Ich habe mich zwar bis jetzt noch nicht schriftstellerisch versucht, bin aber ein langjähriger persönlicher Bekannter von Franz Werfel. Sollte Ihnen eine mündliche Aussprache erwünscht sein, so finden Sie mich täglich von zehn bis eins und drei bis sechs im Café Pyramide.

In aufrichtiger Bewunderung
Franz Zehntbauer,
städtischer Marktkommissär.

11.

Sehr geehrter Herr Friedell,
wir vermissen Ihren Beitrag. Wir rechnen um so gewisser auf sofortige Einsendung des Manuskripts, als es uns so kurz vor Weihnachten nicht mehr möglich wäre, für Sie einen Remplaçanten zu finden.

Ergebenst
Frankfurter Zeitung.

12.

Lieber Saßmann,
Weihnachten steht vor der Tür, und Du hast mir noch immer nicht die englische Seife für Lina besorgt. Echt österreichisch!

Dein Friedell.

13.

Dringendes Telegramm an Egon Friedell.
Rasute blifta settmil hapta hapta 1/2.

Tankfurter Leitung.

14.

Lieber Saßmann,
zu meiner Bestürzung erfahre ich im Café Eden, daß Du den Beitrag für die *Frankfurter Zeitung* richtig verschlampt hast. Damit hast Du mir ungemein geschadet; denn das hätte für mich der Anfang einer dauernden Mitarbeit werden können, und außerdem werden sie mich jetzt bei der nächsten Rundfrage möglicherweise übergehen. Ganz abgesehen vom *Prestige beim Ausland.* Das alles verdanke ich Dir!

Friedell.

15.

Lieber Friedell,
ich weiß nicht, was Du noch haben willst. Erst vorige Woche war ich in drei Gesellschaften, die bisher noch nie das geringste von Dir gehört hatten und sich jetzt um mich gerissen haben, bloß weil ich mit Dir bekannt bin. Überall werde ich vorgestellt als »der Freund des berühmten Friedell, der die *Frankfurter Zeitung* hat aufsitzen lassen«. Du bist die populärste Persönlichkeit von Wien.

Und das verdankst Du mir. Du siehst also, daß ich doch nicht so »unzuverlässig« bin, wie Du immer behauptest.

Saßmann.

16.

Lieber Saßmann,
in Österreich wird man eben nur zum großen Mann, wenn man etwas *auffällig nicht tut.* Kaiser Joseph hat unter größtem Aufsehen keine Reformen durchgeführt, Laudon hat unter allgemeiner Aufmerksamkeit Friedrich den Großen nicht besiegt, und Lueger hat unter ungeheurem Zulauf nichts für Wien geleistet. Für die *Frankfurter Zeitung* haben schon viele nicht geschrieben, aber keiner ist dadurch der Mittelpunkt Wiens geworden. Weil die anderen eben alle kein Talent hatten. Zumindest kein österreichisches Talent.

Friedell.

17.

Von der Steuerbehörde für den 18. beziehungsweise 19. Bezirk, Wien, Niederösterreich.
Herrn Dr. Egon Friedell, Chefredakteur der *Frankfurter Zeitung.*
Auf Grund der amtlichen Erhebungen werden Sie auf Grund Ihrer Lohngenüsse beziehungsweise dauernden Emolumente aus Ihrer Tätigkeit als ausschließlicher Verfasser der periodischen Druckschrift *Frankfurter Zeitung* für die Jahre 1926 bis 1929 in die Gruppe I a der allgemeinen Erwerbssteuer, respektive I b der temporären Einkommensteuer eingereiht. Die Höhe der vorauszuzahlenden Nachtragssteuer wird aus der Einkommenstufe für das zweite Semester der unmittelbar dem dazwischenliegenden Jahre des vorhergehenden dritten Halbquartals als zweite Rate der Zuwachsstaffel vorgeschriebenen Katasterumlage, jedoch vermehrt um den mit der Steuernovelle vom 3. Jänner 1921 für die nicht

in die für die unter die Befreiung von der direkten Einkommensmehrertragssteuer fallenden vorgesehenen kommunalen Erwerbszuschlag, jedoch abzüglich der bereits für die der Versteuerungsperiode vorausgegangenen letzten drei - soweit sie noch in diese Periode fallen - schuldigen Vermehrungsquoten bis spätestens zum als Stichtag geltenden 1. Dezember 1926 eingezahlten Beträge errechnet.

Ende. Und nun noch der Dialog zwischen Csokor und Hochwälder - ich sagte, er sei von mir, aber er ist echt, eine mir nahestehende Dame hat ihn niedrigerweise mitstenographiert.

Hochwälder: Also weißt, mit die Dramatiker, das ist ja alles wurscht, weißt?
Csokor: Wieso wurscht? Also da kenn ich einen, der also ist sehr begabt, aber schon sehr.
H.: Wen meinst? Den? Ah ja, den kenn ich nicht. Aber in Wien da kann man ja eh keine Uraufführung mehr aufführn lassen.
C.: Aber mein Manuskript, das von dem Zeichen an der Wand, weißt - das haben s' mir ja aus der Hand grissen, also unbedingt wollen s' das für die Festwochen.
H.: No ja, Festwochen, das is ja eh alles wurscht.
C.: Aber du hast ja recht. Nie mehr Uraufführung in Wien! In Deutschland, das is viel besser.
H.: Na du mit deine Premieren in Schleswig-Holstein, das merkt ja kein Mensch, so eine Provinz is das.
C.: Aber gute Kritiken hab i kriegt.
H.: In Schleswig-Holstein!
C.: Aber bitte, wann dann das Stück nach Wien kommt - in Wien trauen s' sich dann nicht mehr zu ein großen Verriß. Während ohne Schleswig-Holstein

im voraus, also da hab ich ja vor zwei Jahren in Wien eine Kritik kriegt, eine ganz große Unverschämtheit war das, wie die das gmacht haben.

H.: Kritiker! Daß ich a Trottel bin, das sagen mir die Kollegen viel besser.

C.: Aber bitte, die sind sich ja nicht einmal einig. Eine Kritik hab ich kriegt in Wien, die war aber schon sehr gut. Das Zeichen an der Wand von Csokor wird mit flammenden Lettern et cetera. Ein Fanal zur Bewältigung und so weiter. Engagiert, haben s' gsagt. Das ist ja, was ich dem Heimito übelnehm. Er engagiert sich nicht! Das nehm ich ein jeden übel, wenn er sich nicht engagiert.

H.: No ja.

C.: Also jetzt kommt mein Stück ja in New York.

H.: Geh weg.

C.: Gleich hab ich mein Agenten gsagt, wannst das Stück in New York bringst - nur off Broadway. Also nicht am Broadway direkt, das lehn ich ab. Off Broadway haben s' so ein nettes kleines Theater, das is viel besser. Nie ein Theaterstück am Broadway. Das lehn ich ab, hab ich ihm gsagt.

H.: New York is eh kein Pflaster für ein Stück. Das merkt kein Mensch in Europa, kein Mensch. Und Paris is auch kein Pflaster.

C.: Aber wo soll man dann hin mit seine Stücke? Hamburg?

H.: Das tät mir fehlen, daß der Schuh ein Stück von mir inszeniert. Und Berlin geht auch nicht. Das is eine Inselstadt und da sitzt der Friedrich Luft.

C.: Ich tät gern nach München gehn.

H.: Tiefste Provinz! Aber die Hauptsache is ja gar nicht die Uraufführung, die is eh wurscht, Hauptsache is, das Stück wird nachgspielt.

C.: Das is die Hauptsache. Wo gehst du denn hin mit dein neuen Stück?

H.: Nach Stockholm. Das is hübsch, da hab ich eh kein Boden unter die Füß, verstehn kann ich auch nichts, da fühl ich mich wohl. Da fahr ich sogar hin zur Premiere.

C.: Und dann gibst das Stück nach Wien?

H.: In Wien merken s' das doch gar nicht! Die wissen doch gar nicht, daß es ein Theater gibt in Stockholm.

C.: Also wo kann man hingehn mit neue Stücke?

H.: Nach Eindhoven kannst gehn! Das Theater hat Philipps gebaut, das is wirklich hübsch.

C.: Aber das is doch auch Provinz?

H.: Aber geh, Franzl, das is doch wurscht!

Das sei etwas von heute, dachte ich. Es ist von gestern. Da ich das niederschreibe, ist mein Freund Csokor eben gestorben.

Ein anderer Österreicher, einer der Großen, die man lobt und nicht liest, Hermann Broch, schickte mir aus Amerika kurz vor seinem Tod ein gedrucktes Blatt. Es war offenbar aus einer Werbeschrift gerissen - von Aussee in der Steiermark. Es liegt da vor mir. Da steht von den Leuten, die dort gelebt haben - Jakob Wassermann, Hugo von Hofmannsthal, Arthur Schnitzler - auch ich - dann Musiker, Maler - dann: » - ferner der badensische Schriftsteller Otto Flagge (Flake meinten sie) und der bedeutende Psychoanalytiker Sigmund Freud« - danach wieder viele Namen, die ich nicht kenne - schließlich: »- auch der im Ausland lebende Hermann Broch. Und auch Ludwig Ganghofer kam hierher als Jagdgast.«

Auf dem Blatt steht, in Brochs Handschrift: »Immerhin *vor* Ganghofer!«

Ein Österreicher hat nix, aber ein österreichisches Schicksal - das hat er sicher. So viel zum Thema Literatur in Österreich - und wie steht es mit der Bevölkerung? Kaum einer der Literaten ist ihr so wirksam gerecht geworden wie Helmut Qualtinger - und der ist kein Literat. Sein »Herr Karl« ist *der* Österreicher von heute, der seine schräge Vergangenheit virtuos »bewältigt« hat, er sagt in einem grandiosen Monolog alles, was zum Thema zu sagen ist. Wie Schnitzlers

»Reigen« hier abgedruckt gehörte, gehörte auch »Herr Karl« in voller Länge hier abgedruckt. Es geht nicht - also stehe hier wenigstens ein Fragment: die letzten Seiten - doch wollte ich, das stünde hier nicht einfach in Druck; man müßte dazu Qualtinger sehen, wie er das spricht und spielt.

»I maan ... mir hat's ja sehr guat g'falln, unser Österreich. Aber in an gewissen Alter braucht man nicht mehr davon zu sehen ... man interessiert si' nimmer so ... Es laßt alles nach ... zum Beispiel das Atomzeitalter ... I war mei ganzes Leben von Gefahren umgeben ... Revolution, Hungersnot, Krieg, Giftgas ... fast ... i hab kan Kontakt mit der Atombomben. Es ist außerhalb meines Interessengebietes ... Ich überlaß das anderen Menschen. Ich bin nur ein kleiner Österreicher innerhalb einer unabhängigen Nation ... mi fragt ja niemand ... bitte, sollen sich die andern den Kopf zerbrechen.
Wann i mi zerstreuen will, brauch i ka Wasserstoffbomben ... i geh spazieren in Überschwemmungsgebiet ... Inundationsgebiet ...
Da geh i gern hin. Oft! Wann's haaß is. Da san so Bombentrichter. Und da liegen s' drin ... de jungen Leit. Madln und Burschen.
I maan, i bin ka Voyeur ... wie's vüle gibt, was da so spazieren gehn. Aber mit so junge Leit is's halt a Hetz. Mir ham damals ja no Hemmungen g'habt ... aber heit ... de kennan nix ... die Gfraster!
I siech's ja net ... i bin kaaner, der zuaschaut ... aber was i so heer ... wissen S', da kumm i ma ganz jung vur ...
Da is aa no des Standl von de Dreißgerjahr ... und de Alte - i maan, des is scho de Tochter von der Alten von damals - de kennt mi. Da kann i essen. Sehr guat ... sehr ausgiebig. Net teier ...
Neilich hab i a Schlachtplatten gessen, Schweinsbraten, Blunzen, Bratwürstel, Leberwurst, Kraut, Knedel, Bier dazua. Es war leider warm, denn es war furchtbar haaß. Naja - drum war i ja da.

Leider hab i kan Hut g'habt ... De Sunn hat die ganze Zeit auf mein' Kopf g'scheint ...
Wie i zur Straßenbahn ganga bin, is ma schlecht worn. I fall auf an Sitz zamm. Kummt de Schaffnerin: ›Is Ihna was?‹ I muaß ausg'schaut ham, wie der Tod. I hab grad no sagen kenna: ›I wohn Grösslgasse 15, Stiege sechs, Tür 12, wann was sein sollt ...‹
Es war eh nix. I hab mi no mit letzter Kraft z'hausg'schleppt ... Ma will ja niemand Scherereien machen. Bin z'haus, hab's Fenster aufg'macht ... dann is ma schlecht worn ... net am Fenster ... scho wi sa si g'hert ...
Dann hab i mi aufs Bett g'legt und bin ohnmächtig worn ...
Am nextn Tag bin i abiganga ins Wirtshaus ... a klans Golasch, a klans Bier ... alles wieder Lei'wand ... Na - jetzt so wia i leb ... ich kann mich nicht beklagen. Es geht mir eigentlich sehr gut. Ich hab meine Wohnung ... eingerichtet ... sauber alles ... den Radio ... Eiskasten hab i ... I brauchn ja eigentlich net. I hab ja nix drin. I iß eh net z'haus ... I kumm aa kaum zum Radiohern ...
Früher, mit meiner zweiten Frau ... der Billetteurin ... da ham ma immer 's Radio aufdraht g'habt ... es war ja aa Kriag ... Da san aa vül Leit kumma ... jetzt ... Wissen S', die Leit in Haus san ma aa z'bled. I kenn s' jetzt scho fünfazwanzg Jahr ... Frauen gegenüber bin i ja mei Leben lang bitter enttäuscht worn ... des mecht i nimmer ...
I hab no an Verwandten in Stuttgart ... i kenn ihm persenlich net ... aber mir schreiben uns amal in Jahr ... zu Weihnachten. De Marken heb i immer auf ... San Se vielleicht Markensammler? Naja - ahso ... i hab ma denkt, daß Se dafür vielleicht Verwendung hätten ... und sonst ... eh ... i bin ja sehr zufrieden. I hab Krankenkassa, i bin völlig gesichert ... i hab alles z'haus: Schlafmittel, schmerzstillende Tabletten, wann was sein sollt ... daß 's mi net unvorbereitet trifft ... und so ... i kennt sagen, es geht ma zum ersten Mal in mein' Leben wirklich guat.

I kann ma's leisten, heute aa amal wohin z'gehn ... besser auszugehen ... i hab aa an scheenen Anzug ... an dunkeln. Der is kaum gebraucht ... naja, wann geh denn i scho aus? Eigentlich schad drum ...
Mit mein' Geld kumm i immer aus. I hab kaane Bedürfnisse. Lesen tua i aa nix. Damit muaß ma früher anfanga ... Oder Kunst oder solche Sachen ... i hab mei ganzes Leben ka Zeit g'habt für sowas. I hab Wichtigeres z'tuan g'habt ... ich habe Aufgaben zu erfüllen gehabt.
Wann i was segn will, geh i an de Ecken zum Wirt. Der hat an Fernseh ... Ma muaß net hinschaun, aber ma kann. Da sitz i da und schau zua. Mir is wurscht, was g'spielt wird. Wann i müd bin, zahl i und geh furt.
Manchesmal, wann's am Sunntag scheen is, fahr i nach Baden oder Klosterneuburg ... Da schau i ma de Häuser an und denk ma: De hätten s' dir in der Russenzeit nachg'haut. Da is a Villa, an dera geh i immer vorbei ... de kennt heit mir g'hern ... Wer waaß, zu was 's guat is ...
Dann steig i in de Stadtbahn, fahr wieder haam und leg mi schlafen ...
I schaf ja guat. Net immer, natirlich ... Manchmal, wann i so lieg, hör i de Rettung vorbeifahrn ... tatüü ... denn denk i ma nur: Karl, du bist 's net ...
Schaun S', wann i mi von der Arbeit z'ruckziagn will, hab i mei' Renten ... wann i ma nimmer mein' Haushalt führn will, geh i nach Lainz ... i kann ruhig in die Zukunft blicken ... na und so wart ma halt ab, was no kummt, wia 's wird ... wia 's weitergeht ...
I bin heit immerhin so weit, daß i sagen kann, man hat sein Leben nicht umsonst gelebt ... und das is vielleicht das, worauf 's ankommt ... Des werden Se als junger Mensch vielleicht noch net so begreifen ... aber Se werden no oft an mi z'ruckdenken.
Zwei Uhr ... ahso ... es is ja Samstag ... Arbeitsschluß ...
Gehn ma ...«

Damit haben wir nach den »Intellektuellen« auch schon die »Bevölkerung« des Nachkriegs-Österreich kennengelernt - und wie steht's mit den »Herrschern«? Habsburgs demokratische Nachfolge? Wo doch bei den Reichsdeutschen nebenan in diesen letzten Jahren so viel von ihrem gewesenen Herrn Bundespräsidenten die Rede war: wie sieht derlei aus in Wien?
Das ist aus meinem »Tagebuch aus einem andern Jahr« (der anrüchige Titel heißt »Vielleicht das Heitere«), ein Abschnitt aus dem Jahr 64.

Was noch in Wien, damals? Schärf. Ich hatte ihn in London getroffen, beim Botschafter Schwarzenberg. Ein kleiner, beweglicher und charmanter Mann; damals war er Obmann der Sozialdemokraten Österreichs, unsere gemeinsamen Erinnerungen reichten bis zu jenem Tag im Jahr 1907 zurück, wenn es 1907 war, als ich als Knabe an Viktor Adlers Hand auf dem Balkon der Druckerei »Vorwärts« stand, und unten das defilierende, nunmehr allgemein wahlberechtigte Proletariat. Schärf war unter den Defilierenden. Jetzt war er Bundespräsident, und man bestellte mir, ich solle ihn doch besuchen. Er war reizend, und mich faszinierte es, ihm dabei zuzusehn, wie er, alter Sozialist, den Besucher mit einem Augenzwinkern zum Mitverschworenen machte: daß ich nicht in diesen komischen alten Habsburgerpalast gehöre, das wissen wir beide.
Erst nannten wir einander wechselseitig »Herr Präsident« (er mich wegen dieses liebenswerten und ein wenig rührenden PEN), dann ließen wir das erheitert fallen, und er sagte: »Wissen S' was? Ich zeig Ihnen, was ich entdeckt hab.« Sein Arbeitszimmer, in dem wir saßen, war das Sterbezimmer Kaiser Josephs des Zweiten. (Sein Sekretär draußen saß im Schlafzimmer der Maria Theresia.) Bei Joseph dem Zweiten also entdeckte er eine aufs Geschickteste, Unsichtbarste camouflierte Tapetentür. Hinter ihr stand ein Leibstuhl. Hinter dem Leibstuhl ging es in einen überaus engen, völlig lichtlosen Korridor. Er lief innerhalb der Mauer zwischen den Wänden hin und war Teil eines ganzen Systems solcher

Ein habsburgischer Leibstuhl hinter jedem Gemälde

Geheimkorridore, keiner nach außen hin sichtbar. Wenn Schärf recht hat, durchsetzen sie alle Mauern der alten Hofburg, jedes Zimmer ist so erreichbar durch eine geheime Tür, und der Zweck war wahrscheinlich nur ausnahmsweise Mord, Liebschaft und Spionage - es ist einfach die unsichtbare Replica des Kaiserpalastes, eine Hinunternumerierung der Kaiserwelt zu einer Domestikenwelt, der Ofenheizer schlich da, die Zimmerfegerin, der Leibstühle-Kontrolleur und weiß Gott wer sonst noch, für die im Lichte Wohnenden blieben sie unsichtbar.
Schärf: »Leibstühle, überall Leibstühle, das war für die Habsburger ein Komplex. Sogar im Burgtheater in der Hofloge - ich hab doch jetzt schon den Blick dafür. Ein Gemälde - stellt sich heraus: es ist eine Tapetentür. Auf - ist dahinter ein Leibstuhl. Dabei ist das Burgtheater doch abgebrannt, wie man es aufgebaut hat, da hat es ja doch schon Wasserklosetts gegeben, aber der Kaiser Franz Joseph - nein, wieder ein Leibstuhl. Daß dort jetzt ein modernes WC ist - das ist mein einziger präsidialer Akt, mit dem ich diese spezielle Habsburger-Tradition durchbrochen hab.«
Ich fragte ihn, ob er da wohne. Er denke nicht daran, sagte er. Er wohne in seiner alten Dreizimmerwohnung und komme jeden Morgen zu Fuß, um tagsüber Präsident zu sein. Was für ein guter Mann. Was für eine heitere Stunde. Zwei Minister kamen dann. Ich verabschiedete mich und sagte: »Herr Präsident!« Und er brachte mich zum Lift und sagte zwinkernd: »Herr Präsident!«

Österreich deine Deutschen

Der Leser mit auch nur einigermaßen penetranter Intelligenz (und das heißt: *jeder* Leser) hat schon bemerkt, daß die Beziehungen zwischen Österreichern und Deutschen nicht ohne emotionelle Spannung sind. Wie alle Beziehungen unter Verwandten. Je näher, desto emotioneller. Nur gibt es da eben zwei Arten der Emotion. Schlichte Gemüter denken von Tante Paula, daß alles, was sie tut oder läßt, einfach großartig sein muß, weil sie die eigene Tante Paula ist. Minder Schlichte fühlen sich für das Tun und Lassen der Tante Paula verantwortlich, weil sie ja doch die eigene Tante Paula ist, sie stehen ihr wachsamer, kritischer, engagierter, wenns sein muß auch feindseliger gegenüber als anderer Leute Tanten: daß sie die eigene Tante ist, verpflichtet diese Tante in ihren Augen zu ganz besonderer Exzellenz. Der erste Typus stellt die Patrioten um jeden Preis, der zweite die »Beschmutzer eigener Nester«; die Nörgler, mit einem Wort. Die »Reichsdeutschen« sind die Umarmer der ganzen Familie, im Lager der Nörgler steht Österreich.

In diesem Sinn: Daß es für einen Österreicher an Hoch- beziehungsweise Landesverrat grenzt (ich habe den Unterschied zwischen den beiden nie ganz begriffen), ein Buch »Deutschland, deine Österreicher« zu schreiben, ist ja hoffentlich evident. Was heißt da »deine«? Wer gehört da eigentlich wem? Wer ist der bessere Deutsche? Wer spricht das bessere, das gültige Deutsch? Schon rein historisch gesehen, waren die meisten besseren Habsburger nebenberuflich Deutsche Kaiser - und daß in jenen Gegenden, dem sogenannten »Reich«, die dort angesiedelten Reichsdeutschen diverse Verballhornungen, oder sagen wir höflichkeitshalber: Dialekte (Sächsisch, Bayrisch, Piefkisch, Schwäbisch usw.) der österreichischen Sprache sprechen, ist ja wohl Beweis genug. Besitzansprüche haben wir nie ausdrücklich aufgegeben - und das, obgleich unsere wiederholten Angebote, jene schlecht regierten Distrikte, die heute als BRD oder auch DDR bekannt sind, unter eine gesunde österreichische Verwaltung zu bringen, unter Verkennung unserer altruistischen Absichten immer wieder schnöde zurückgewiesen

Kunstmaler

- in Österreich keine Mangelware

worden sind. Tut nichts, wir haben es ihnen verziehen - sich uns anzuschließen, steht den Reichsdeutschen nach wie vor frei. Aber weiter! Wilhelm der Zweite - den Ersten Weltkrieg bis zum taktlosen Ende durchzuhalten, war höchst unösterreichisch und geschah ohne unsere ausdrückliche Bewilligung. Und Hitler - dessen zweifelhafte Herkunft wir nicht noch einmal diskutieren wollen, so sind wir nicht - mußte aus Verzweiflung zu den Reichsdeutschen emigrieren: bei uns wäre er keine Mangelware gewesen und hätte es zu nichts gebracht. Was er an Bildungsgut mitnahm, einschließlich des Deutschen Grußes, wuchs alles in Österreich. Und wie damals, so jetzt! Wir Österreicher erobern Deutschland immer noch. Aus einem Bericht des Hamburger Kriminalkommissariates:

»Mit dem verstärkten Zustrom auswärtiger und ausländischer Zuhälter begann der heute noch nicht abgeschlossene Wandel in der Erscheinungsform der Zuhälterei in Hamburg.

Die zahlenmäßig stärkste Gruppe unter den ausländischen Zuhältern stellten die Österreicher. Sie wurden erstmalig Anfang 1964 in größerer Zahl beobachtet. Es konnte bald festgestellt werden, daß der Zusammenhalt unter ihnen bedeutend stärker ausgeprägt war als unter den einheimischen Zuhältern und daß die von ihnen nach Hamburg gebrachten Prostituierten aus Österreich einem viel massiveren Druck ausgesetzt waren als beispielsweise deutsche Dirnen im Verhältnis zu den einheimischen Zuhältern.

Der geschlossen geführte Angriff der Österreicher auf das bis dahin von den einheimischen Zuhältern behauptete Terrain zwang diese wiederum zu einem engeren Zusammenschluß, wenn sie sich nicht völlig in den Hintergrund drängen lassen wollten. So kam es schon bald nach dem Erscheinen der österreichischen Zuhälter und Prostituierten zu tätlichen Auseinandersetzungen, die auf ihrem Höhepunkt mit Pistole und Messer ausgetragen wurden.

Anfang 1965 wurden die Österreicher größtenteils festgenommen, dem Gericht zugeführt und später ausgewiesen, doch schon Ende 1965 kamen die Wiener

Zuhälter wieder. Diesmal gingen sie jedoch mit größerer Geschicklichkeit zu Werke. Sie waren bei ihrem ersten Erscheinen dadurch aufgefallen, daß eine größere Zahl von Kraftfahrzeugen mit Wiener Kennzeichen in St. Pauli beobachtet wurde. Die Registrierung der Kennzeichen und die Abklärung des Personenkreises durch Anfragen bei Interpol Wien brachten das Kriminalkommissariat bald auf die Spur der österreichischen Zuhälter.
Bei ihrem zweiten Auftauchen in den Hamburger Vergnügungsvierteln fuhren sie nicht mehr ihre eigenen Fahrzeuge, sondern kamen mit Mietwagen aus Hamburg und anderen deutschen Städten.
Die Österreicher sind in Hamburg die stärkste und kriminell intensivste Gruppe der ausländischen Zuhälter. Neben ihnen sind die anderen Ausländer wie Türken, Griechen, Spanier, Italiener und Schweizer nur Randfiguren der Zuhälterei ohne nennenswerte Aktivität.«
Alle anderen nur Randfiguren! Das genügt wohl zur erschöpfenden Beleuchtung unserer nie welkenden historischen Ansprüche.

Ein Autor, der solches schreibt wie dieses Buch - also leider ich -, hat tatsächlich seine Anwartschaft auf jene hohe Auszeichnung verwirkt, ob er es selbst sagt oder nicht.
Und nun zur Diskussion der Imponderabilien - also der Sache selbst.
Wo beginnen - da der Autor leichtfertigerweise so viel überschlagen hat? Man nehme nur das von ihm über den Homo Alpinus Gesagte. Ist er sich nicht dessen bewußt, daß die beschriebenen Lederhosen und mit Gamsbärten gezierten Lodenhüte (samt dem dazugehörigen Kropf, der in der Originalhandschrift angeführt, dann aber von unbekannter Feder gestrichen ward) - ist, frage ich, dem Autor tatsächlich unbekannt, daß diese männlichen sowie die als Dirndl bezeichneten Alpentrachten längst nicht mehr österreichische Busen umhüllen sondern die von Zuagrasten beiderlei Geschlechts, dank dem Fremdenverkehre sowie

einer patriotischerweise mit sechshundertprozentigem Nutzen arbeitenden Spezial-Alpen-Kleider-Industrie? Den Träger österreichischer Nationaltracht spreche man (vor allem bei den Salzburger Festspielen, von denen ich aus schierem Hochmut erst später und in lässigem Nebenbei sprechen will) - den österreichischen Nationaltrachtträger also spreche man zwecks Zeitersparnis taktvollerweise amerikanisch oder auch piefkisch an - andere Sprachen versteht er nicht.

Was mich gleich zu den überaus spärlichen und unzureichenden Aussprache-Anweisungen des Autors bringt. »-adl« statt »-erl« - damit macht der Fremde das Kraut nicht fett, gar im angelsächsischen Falle. Ich verweise da auf die grundlegenden Studien des Tiroler Sprachwissenschaftlers Hans Hömberg, der für den Amerikaner als echt landesüblichen Gruß unter Verwendung seines eigenen Idioms die angelsächsischen Bezeichnungen für einen Großen Schotten empfohlen hat - sagt er »great Scot«, so hört jeder Wohlwollende im Land Tirol natürlich »Grüaß Gott«. Und will er danken, so sage er Esel und Feldmäuse, »donkey« und »field mice«. »Donkey field mice«, einigermaßen verschwommen ausgesprochen - das ist das angelsächsische »Danke vielmals«, das jedem Tiroler das Herz erquicken wird. Gar wenn er nicht in Plusfours oder einem Stadtfrack daherkommt, sondern in »Führerpferden«, also »Leader Horses«, die jeder Redliche und Alpine als »Lederhosen« identifizieren wird.

Hömberg ist übrigens derselbe Gelehrte, der auch die Sprache des Hinteren Pitztals erforscht hat. Eine Kellnerin rufe der Zuagraste dort nicht »Sie, Frollein«, sondern schlicht »Hur'!« - es kommt aber nur von »heuern«, heißt also etwa Mietsperson. Offenbar um das zu kompensieren, sagt man dort aus Höflichkeit niemals Nein. »Joo - ärschlings« ist *de rigueur*.

Auch ein »Marterl«, eine Gedenktafel also, des Dichters Rudolf Greinz, Verfassers des Romans »Dämon Weib«, hat Hömberg dort entdeckt. Text:

Hohes Paar lernt Yodelling

»Der Tod macht net viel Federlesen:
Abikugelt, hingewesen!
Das Leben ist ein großer Mist.
Gelobt sei Jesus Christ!«

Kein Wunder, daß das Land für jene Angelsachsen mit ihren Leader Horses, ein markiges Great Scot auf den Lippen, unwiderstehlich ist. Man denke bloß an King Edward the Eighth, der, kaum abgedankt, kaum Duke of Windsor geworden, mit seiner Mrs. Simpson sein Ex-Königreich verließ - um wohin zu gehn? Es stand damals in allen englischen Zeitungen: »to the Tyrol«. To do what? Auch das verriet er den Journalisten: um jodeln zu lernen. »To be tought yodelling by the mountain guides.«

Es wurde daraufhin fashionable im englischen Smart Set - aber nur bis zum Augenblick, da the Duke und Mrs. S. the Tyrol verließen für eine rasche Stippvisite bei »the Fuehrer« in Berchtesgaden. Das Foto, der »Führer« ganz Gentleman, über der nunmehr jodelkundigen Mrs. Simpson Hand geneigt, ging dann durch alle Zeitungen.

Man sieht, für den polyglotten Kosmopoliten, für den Zuagrasten jeglicher Nationalität erschließt sich hier noch ein weites Feld.

Womit nicht gesagt sein soll, daß wir Österreicher etwas dagegen hätten, uns zum Austausch auch unsererseits aus den Sprachen anderer, selbst minderwertiger Völkerschaften zu entlehnen, was uns zu Nutzen kommt. Wir kennen da keinen falschen Stolz - der Reichtum unserer Muttersprache an zuagrasten Lehnwörtern ist berühmt, und ohne Selbstlob: wir verwenden sie besser, richtiger, logischer als das Ursprungsland. Dieses ist vielfach vergessen - vielleicht existiert es längst nicht mehr? Warum heißt eine aus Papier gedrehte Tüte »Stanitzl«? Warum heißt, was in Frankreich farbloserweise als Crêpe Suzette bezeichnet wird, bei uns in Österreich »Palatschinken«? Ganz abgesehen davon, daß diese ungleich deliziöser sind als das französische Gegenstück - Palatschinken: woher das Wort? Und um einmal von der weltberühmten Wiener Küche abzuweichen zur noch weltberühmteren Wienerin - kann ein piefkischer »Busen« sich etwa messen mit dem bei uns in Österreich mit unvergleichlicher Plastik als »Gspaßlaberln« bezeichneten Körperteil?

Gspaßlaberln - Stanitzl - Palatschinken

Die Plastik, das ist es. Sie bringt mich in ungezwungener Weise zurück zu der jener Plastik überaus förderlichen Wiener Ernährungsform. Der eine Mahlzeit abschließende Gang heißt im Französischen armseligerweise Dessert und ist nicht einmal obligatorisch. Das überaus obligatorische österreichische Äquivalent heißt »Mehlspeis« - unbedingt fein sein Wollende sprechen französischerweise von »Farinage« - und das heißt dann im Französischen wieder »Teigwaren«, Spaghetti und derlei Minderes, was allein schon genügt, den Ruhm der französischen Küche anrüchig zu machen.

Farinage - Mehlspeis - bedeutet bei uns in Österreich jene Palatschinken, dazu Böhmische Dalken, Buchteln, Powidltascherln und vielerlei - alles aus gutem Mehl, aus guter Farine, und gleich unseren mit einer herzhaften Einbrenn aus guter Farine à l'Autrichienne bereiteten österreichischen Gemüsen so recht geeignet, die Plastik der schon erwähnten Gspaßlaberln zu jenen generösen Ma-

Dame, vor - und nach dem Genuß der Wiener Küche

ßen zu steigern, die für die Österreicherin charakteristisch sind. Aber auch die Zuagraste, selbst bloß für wenige Wochen der Wiener Cuisine überantwortet, wird den betreffenden Teil - was sage ich! - *alle* Teile ihres falschen Dirndls aufs erfreulichste schwellen und schwellen sehen - darauf kann sie sich verlassen, da kann sie ganz ohne Sorge sein.

Was bleibt? Was fehlt noch? Hier einige diskrete Hinweise an unsere Deutschen, wie sie sich in zuagrastem Zustand am besten benehmen, bei uns in Österreich.
Vor allem: Man mache sich vertraut mit unserer Beziehung zur Gnade. Nennen wir so eine Zuagraste »gnädige Frau«, so heißt das, daß wir es sind, die ihr die Gnade erweisen, ihren Familiennamen uns nicht erst zu merken oder, gemerkt, nicht auch noch an den Pranger zu stellen. Heißt sie etwa Frau Zarnke oder Frau Piepenbrink: wer heißt schon gerne Frau Piepenbrink, wer spricht so was schon gerne aus?

Dann: der Handkuß - die bei Reichsdeutschen grassierende Saga, unsereiner sei auf nichts so sehr erpicht, wie kunterbunt querfeldein Hände zu küssen. Immer wieder finden sich zuagraste Damen, die dieser unserer vorgeblichen Süchtigkeit Vorschub leisten zu müssen wähnen, indem sie uns, ohne die geringste Provokation, mit einem Beglückerinnen-Blick die Knöchel ihres Handrückens im Boxerstil in die Zähne rammen - manch einen unter uns schmerzlich gebrochenen Gebisses auf der Walstatt zurücklassend. Ihnen sei gesagt: Händeküssen ist hierzuland eine einmalig und exklusiv der betreffenden Dame (und wäre sie an diesem Tage die hundertste, es geschieht immer zum erstenmal) dargebrachte Huldigung. Es ist ein erotischer Akt!
Der Herr »bemerkt« die Dame - ein zartes Erschrecken über die plötzliche Konfrontation mit so viel Lieblichkeit dominiert zunächst nur sein Auge, steckt nun aber schon gleich einer rapiden Infektion seine sich zu einem langsamen Lächeln

Erotik in Österreich

veredelnden Züge an - noch schweift sein bewundernder Blick die Kleidung, den Schmuck, vor allem jedoch die biologischen Charakteristika seines Gegenübers von Kopf zu Fuße ab und von Fuße wieder aufwärts bis zu ihrem Aug - ja, Aug in Auge verharren die beiden, bis in den seinen der Drang unzähmbar wird: diese oder keine!

Herzzerreißenderweise daran verhindert, sie an sich zu reißen und auf seinem Zelter mit ihr davonzusprengen, zum nächsten Stundenhotel - dann erst, mit seinem Blick in ihrem Blick, zieht er ihre Hand seinen Lippen entgegen, er beugt sich - ah, siehe oben, die Berührung ist ein erotischer, was sage ich, ein aufs zarteste obszön-exklusiver Akt! Worauf er, schweren Herzens sich trennend von der nur ihr erkenntlich unzüchtigen Prozedur, nur ihr hörbar ein passendes Wort murmeln mag - etwa: »Charmant!«

Wenn er später zu der so coram publico intim Genossenen zum Abschied »Meine Verehrung« sagt, weiß sie, er meint: meine Verehrung - nichts davon abzustreichen, er meint es wirklich so.

Oder Apfelstrudel. Das Wählen des Mehls, von dem es das in diesem delikaten Fall benötigte »doppelgriffige« überhaupt nur in Wien und für Wiener gibt. Ein halbes Kilo davon, gebunden mit einem einzigen Ei - aber was für ein Ei, gelegt von was für einer erzösterreichischen Henne auf welcher firnenbeglänzten Alm! Mit Wiener Hochquellenwasser anzurühren, über das kein weiteres Wort zu verlieren ist - daß es Wiener aus Tausendkilometerferne zurück in die Heimat zieht, nur dieses Wassers wegen (weswegen denn sonst?), das weiß jeder. Dieser Teig werde nun eine halbe Stunde geknetet - ah, und von welcher Hand! Von einer Küß-die-Hand-Hand, so zart wie fest. Nun das weiße Leinentuch - und was wissen diese Küß-die-Hand-Finger alles auszuziehen! Ist es diesmal auch bloß ein Teig (aber was heißt da »bloß«?) - selbst solch ein Halbkiloteig vergrößert sich auf zwei Quadratmeter unter diesen wissenden Fingern.

Nun die Füllung aus Apfelschnittchen und Rosinen, aber in weisem Maß, auch vergesse die Wissende den Zucker, die aus harten Wiener Semmeln selbstgeriebenen Brösel nicht. Ehe sie behutsam zu rollen beginnt, werfe sie auf diese Füllung einen letzten zärtlichen Blick und dann - ah, nein, genug, es regt mich zu sehr auf! Das blond-gebräunte Ergebnis, spröde und doch zart überzuckert in der Wienerischen Manier, mag dem stumpfen Blick des Zuagrasten, des Piefke, als eine bloße Mehlspeis erscheinen - aber der Wissende weiß: was hier vorliegt, ist ein erotischer Akt!
Oder Marillenknödel zum Beispiel. Man nehme -
Nein! Auch an dieser Stelle: Haltets mi zruck - hier halte man mich zurück!

Dies nur ein weiteres Beispiel dafür, wie sehr in Österreich alles wörtlich zu nehmen ist.

Jedoch nicht der Autor des vorliegenden Buches. Er tut so, als läge in Österreich überhaupt nur Wien. Lächerlich! Als gäbe es nicht die *wahren* Literatur- und Kunstschätze (ganz abgesehen von der *echten* Erotik) dessen, was er größenwahnsinnigerweise mit einer Handbewegung bisher abtat als die sogenannte Provinz. Die Einwohnerzahl von Graz ist eine stolze Viertelmillion, Linz hat ihrer zweihunderttausend, und auch Salzburg und Innsbruck ringen um die Palme des Hunderttausenders. Diese, von Wien abgesehen, größten vier Großstädte Österreichs wurden vom Autor bisher ignoriert - obgleich jede samt ihrem respektiven Umschwung ein eigenes stolzes Brauchtum hat. Hier wohnt, hier wirkt, hier bewahrt sich durch die Jahrhunderte das *wirkliche* Österreich.
Das stolze Graz - und gibt es etwa weniger prominente Wiener aus Graz, als es prominente Berliner aus Breslau gibt? Das liebliche Linz an der Donau - waren es etwa nur die beiden Adolfs, Hitler und Eichmann, die dort ihre Erziehung genossen, hat etwa nur Göring seine Industrien dorthin verlegt? Die Stadt hat

das überwunden, ihr kulturelles Leben blüht und gedeiht! Ganz wie das von Klagenfurt - mit dieser attraktiven Stadt ist nicht nur der Name Lernet-Holenia und der Name Peter Handke verbunden, sondern auch der Name Wörthersee - und jeder dieser Namen gleichermaßen lieblich und prominent. Und Salzburg - so genannt nach den nunmehr endlich erwähnten Salzburger Festspielen und der dort konzentrierten Einkleidungs-Industrie für Zuagraste - nach diesen selben Festspielen auch Salzburger Tracht genannt (Leader Horses and all that, man weiß ja).

Ernsthaft: diese Festspiele sind eine großartige Sache. Sie vereinen an musikalischer und an theatralischer Prominenz, was gut und teuer, vor allem was teuer ist. Max Reinhardt, der Gründer - hätte er rassisch-religiös nur die leiseste Eignung gehabt, so wäre er heute schon ein katholischer Heiliger. Er war das theatralische Bindeglied zwischen Berlin und Wien, mit Salzburg als Mittelpunkt. Das waren noch Zeiten. Das waren noch Bankette, auf seinem Schloß bei Salzburg im Kerzenschein. Wer saß da nicht neben wem! Keiner kannte keinen und war überzeugt, der andere sei entweder ein Fürst, oder ein Schauspieler der einen Fürsten spielt, und die Frauen waren entweder Fürstinnen, die Schauspielerinnen spielten, oder geradezu Gattinnen des Präsidenten der Paramount.

Genug von Salzburg - ich reiße mich los, ich wende mich Innsbruck zu. Ich sprach schon von der Tiroler militärischen Knorrigkeit. Während die benachbarte Schweiz sich liederlicherweise brüstet mit einem Wilhelm Tell, den es nie gegeben hat, besitzt das kernige Land Tirol einen garantiert echten Andreas Hofer, einen großartigen Freiheitshelden, mit Lederhosen und Rauschebart prangt er noch heute an jeder patriotischen Wand - die Bayern verrieten ihn, »zu Mantua in Banden«, und lieferten ihn den Franzosen aus, »gebt Feuer, ach, wie schießt ihr schlecht«, der ist das. Von weiteren Nationalmonumenten wie dem Innsbrucker »Goldenen Dachl« sprach ich schon. Aber weiß man auch, daß dort noch vor kurzem nicht nur die gebirgigen Helden sowie die Zuagrasten

Leader Horses trugen, sondern auch die Dramatiker? Schönherr! Oder, ah, Richard Billinger! Sein Drama »Rauhnacht« habe ich im Original eben nicht zur Hand, doch habe ich es im Ohr - er dichtete so etwa:

Rauhnacht
nach Richard Billinger

KRESZENZ (kommt herein, vorsichtig, »lüstern«): He!
RICHARD: Na -?
KRESZENZ (»gleisnerisch«, lehnt sich an ihn): Magst?! - Nein? Sau, fade!
RICHARD (will »kusch« sagen, schupft dann nur die Achseln; »gleichmütig«): Zahnluckete Nachtigall. (Nimmt Papiere vom Tisch und will fort.)
KRESZENZ: Wo läufst hin mit deiner Kraft?
RICHARD (dumpf): Auf'n Abtritt.
KRESZENZ: Aber Richard, nimmst scho wieder ein Manuskript. Da hast eine alte Zeitung!
RICHARD (murrt): Allweil aufhalten.
KRESZENZ (zum buckligen Dorfweib): Nimmt er das Manuskript. Dann feilts'm, dann fehlt es ihm.
DAS BUCKLIGE DORFWEIB: D'Rauhnacht ist's! Sind noch Bräuch von die alten Cherusker her.
KRESZENZ: Jesus Christus!
DAS BUCKLIGE DORFWEIB (»vor sich hin«): Mit Christentum hat das nix z'toan, haben diese Bräuche nichts gemein. Da hör nur, wie der Uhu im Gebälk tickt. Heut' muß eins sterben.
RICHARD (will auf den Abtritt, den Abort, das Clo; zögert an der Türe).
DAS BUCKLIGE DORFWEIB (ihn beobachtend): Hiatzt zögert er.
RICHARD (stülpt eine Maske vors Gesicht, beginnt die Trommel zu schlagen, gerät in Raserei; hört dann jäh auf, nimmt die Maske ab, veratmet).

Das bucklige Dorfweib: Weil d'ihn immer aufhaltest und nicht hinauslaßt.
Kreszenz: Traut sich ja nit! Mußt ihn führen. Er hat Angst, daß dort die Dämonen sitzen. (»Für sich«.) Immer sitzen seine Dämonen auf'm Abtritt.
Das bucklige Dorfweib (führt Richard durch die Tür; zurückkehrend): Jaha, wir haben eben auch unsere Dämontscherln in Stinkenbrunn. (Horchend.) Bimbam! Die Mitternachtsglocken. Muß eins sterben heut'.
Richard (geht langsam draußen am Fenster vorüber).
Kreszenz: Man sagt, er haltet's mit die Roß.
Das bucklige Dorfweib: Hat schon immer höher hinaus wolln. Ein studierter Mensch. Fast wie ein Herr Postoffizial. (Horcht.) Und allweil die brünstigen Schreie von die Rauhnachtler hinter der Kulisse!
Kreszenz (Richards Schatten beobachtend): Postoffizial? - Nein! Der ist der heidnische Gamsbart-Ibsen von Stinkenbrunn!

Trotzdem wollen wir uns in dieser exponierten Stunde nicht dem Verdacht aussetzen, wir vergäßen über der Kultur der Provinz-Hauptstädte das kulturelle Leben der Hauptstadt selbst.

Zur Stunde, da der Nazi aus dem Lande getrieben war, als wir mit vollem Recht mit den Siegermächten fraternisierten (wir waren jeher ihrer gewesen - sie gehörten zu uns!), zur Stunde, als Österreichisch-Bodenständiges eine verdiente Hausse erlitt - zu dieser Stunde etablierte sich selbst in Wien eine Neu-Weana Dichdaschul. Sie konnte und kann sich eine erotische Verwegenheit leisten, die anderer Heimatdichtung versagt ist - rein deshalb, weil ihr Idiom, außer vom jeweiligen Autor selbst, von kaum mehr als zwei Dutzend Eingeweihten verstanden wird. Es ist in diesem Sinne, daß die folgende, bisher unbekannt gebliebene Poesie aus der Werkstatt der Altweana Neuen Dichdaschul hier wiedergegeben wird - nicht ohne Beben: vielleicht versteht sie der oder jener doch? (Und kommt da der Name des Weaner Dichters Artmann vor, so glaube man nicht etwa, das habe etwas mit seiner Gesinnung zu tun; zu tun hat es höchstens mit seinem Idiom.)

spatweana junge dichdaschul

erst gestarn sog e no zu manar muadarn:
wos host net friha angfangt mitn puadarn?
scho in do oidn monachie war i a guada
tscharmanta ottakringa plattnbruada.

ois spezi vun da renammiatn artmannplottn
watschert i judn tschechn und krowottn.
dann bei da heimwea tetns mi begriassn
zum padriodisch auf die sozi schiassn.

und erst in drittn reich der gspaß wär nett
ols essess oberplattenführer vom kazett.
do kriachzat i di krochen kroan und krumm
heilitler! krachz ins kramatorium!

wiars jetzt is gspür i langsam mi verkrippln
bein gdichta machn luadarn puadarn tippln.
i hob mei große zeit verseimt! sog i zuar muadarn boasch.
drauf sie zu mia: geh kusch und lekmimoasch.

Soviel, sowenig zum Thema der bisher vernachlässigten bodenständigen Literatur. Und nicht einmal der stets hochrenommierten österreichischen Philosophie hat der Autor bisher die ihr gebührende Reverenz bezeugt. Dabei steht ein beredtes Zeugnis seines Zusammentreffens mit einem hochverdienten, leider im Auslande lebenden Repräsentanten dieser Branche in des Autors eigenem Machwerk »Vielleicht das Heitere« - jenem Tagebuch aus einem erst kürzlich verflossenen Jahr. Hier sei es zitiert!

4. Juli

Nachmittags zu O. nach Vernate hinüber. Ein schönes Haus, hoch am Hang, mit weitem Blick über den Luganer See. Ein paar Gäste - der bemerkenswerteste unter ihnen ein Nachbar, ein Privatgelehrter mit Namen Fischer. Er lehnt, da wir in die Stube treten, in unüberbietbar dekorativer Weise an einer bäuerlichen Anrichte: so lehnt in England ein Gentleman am Mantel des Kamins. Ein schöner Mann - und das mit und ohne Anführungszeichen. Fünfzig? Fünfundfünfzig schon? Sein blitzendes Gebiß ist das eines karnivorischen Götterjünglings von fünfundzwanzig - Adonis, Paris, Achill, etwas in dieser Preislage, und da der Schöne nahezu ständig lächelt, blitzen diese Prachtzähne nahezu permanent. Anzug: violette Seide, von küssenswert irrsinniger Eleganz. Dialekt: wienerisch - von jener edlen Nasalität, deren ein Erzherzog sich befleißigte, gäbe es einen Erzherzog, nein, falsch, ein pensionsberechtigter Edel-Bonvivant des Wiener Burgtheaters, der einen Erzherzog zu spielen hat.
Er ist eben dabei, der andächtig horchenden Korona etwas zähneblitzend auseinanderzusetzen, er unterbricht sich, Helga und mich zur Kenntnis zu nehmen, auszeichnenderweise setzt er uns ins Bild - »Ich hab' grad g'sagt«, erklärt er uns mit einem Lächeln, dem widerstehen zu können man ein gefestigterer Charakter sein müßte, als ich es bin - »grad hab' ich zu der Baronin g'sagt, nicht wahr, Tini, daß in jeder Sprache ›Gott‹ und ›zwei‹ dasselbe ist, nämlich im internationalen Sprachstamm, capito? ›Dieu‹ und ›deux‹, oder zum Beispiel ›zwei‹ und

›Ziu‹, na und so weiter - und warum? Grad hab' ich's der Baronin erklärt. Weil ›Gott‹ das Zweite in uns ist, also was jeder von sich abspaltet, also zu seinem übergeordneten Ober-Zwei macht, sprachphilosophisch gesprochen, nicht? Eigentlich hat das ja schon der alte Freud g'wußt, beziehungsweise auch der alte Einstein. Sie als Schriftsteller verstehen mich natürlich, Herr N., wir sind ja beide Wiener. Nicht daß ich deshalb eine schriftstellerische Gleichsetzung mit Ihnen andeuten will, aber was ich mir als Privatgelehrter dort in meinem einsamen Häusel drüben am Waldrand sprachphilosophisch für Erkenntnisse schöpfe, da kann mir niemand was vormachen, da bin ich eisern, Tini, stimmt's oder nicht?«
Er lächelte dazu, seine Zähne blitzten die ganze Zeit, noch nie habe ich einen Privatgelehrten so blitzen sehn. Ich wollte sagen - aber nein, ich kam nicht dazu. »Moment«, sagte er, »Moment! Es ist ein bissel bekanntgeworden, daß ich eben meine Memoiren schreib' - nicht? Man bedrängt mich ja deswegen, vorzeitige sensationelle Publikation von Bruchstücken und so, aber ich - nein. Wenn man einmal den seelischen Zustand des Zen-Buddhismus erreicht hat -! Also erst heut früh hab' ich den Abschnitt über das Sonnengeflecht g'schrieben. Einer von den Damen und Herren vielleicht Reiter? Also ich reit' ja ganz gut, in Südamerika in den Pampas zum Beispiel, wo man die wilden Mustangs - andere schmeißen's ja ab, aber wissen Sie das Geheimnis, warum sie mich nicht abschmeißen? Sie schlagen um sich und bocken, aber so können sie mir ja nicht kommen, ich rück' nur ganz behutsam - da muß man genau sein! - zentimeterweis auf den exakten geometrischen Mittelpunkt. Ganz genau darunter - das ist wissenschaftlich erwiesen - liegt, also bitte auf der Bauchseite natürlich, das Sonnengeflecht. Plexus solaris, wie der Lateiner sagt, Sie wissen das ja natürlich, Herr N., wir sind ja beide Wiener. Und kaum sitz' ich auf'n Sonneng'flecht, rührt sich das Tier überhaupt nicht mehr. Stocksteif still! Gezähmt! Den Tip kann ich allen Herren und Damen empfehlen, die Reiter sind. Das fließt, elektrisch sozusagen, von der

Stelle, wo man sitzt, genau vertikal - stimmt? - genau auf den Plexus. Einfluß. Ein-Fluß, nicht wahr. Im Sprachphilosophischen bin ich ja nicht zu schlagen. Ein-Fluß. Ebenso Aus-Fluß. Was bleibt dann drinnen? Nix.«

Ich: »Schlagfluß?«

Er läßt sich nicht gern unterbrechen, für Humor hat er nichts übrig, wo es um die Philosophie geht, da ist er eisern, er lächelt haarscharf an meiner Schläfe vorüber, hätte dieses Lächeln mich gradaus ins Gesicht getroffen, so wäre ich verascht wie in einem Krematorium - er lächelt und sagt: »Ebenso - Verzeihung, wenn ich erotisch werd' - ebenso, wenn der wilde Mustang, also der Mensch, ich meine diesmal die Dame, wenn die umgekehrt, also nicht dasteht wie so ein Pferd, sondern umgekehrt horizontal - alle verstehen mich da auch andeutungsweise! Reitsitz - Sonnengeflecht - schon haltet sie still. Mehr sag' ich nicht.«

Doch fügt er hinzu: »Also vom Theaterspielen versteh' ich vielleicht nichts, aber als Privatgelehrter -«

Jetzt plötzlich weiß ich es. Ich war blind! Das ist O. W. Fischer - der Filmstar! Dabei hat er damals meinen Struensee gespielt. Da ich ihn daran erinnere, winkt er mit schöner Gebärde müde ab. Filme und derlei Unprivatgelehrtes interessieren ihn nicht mehr. Finanziell habe er so was Gott sei Dank nicht mehr nötig. »Wenn s' mich gar zu sehr drängen - höchstens ein Film im Jahr, weil sein Publikum in der weiten Welt ganz im Stich lassen, das tut man schon aus philosophischen, also aus ethischen Gründen nicht.«

Und wäre dieser ausgezeichnete Mann, der sich da also freiwillig von der steilen Bergeshöh' seines auch alle anderen Österreicher ehrenden Welterfolges als unbestrittener Künstler auf die Privatgelehrtheit zurückzieht, an den Hang von Vernate, in ein hochphilosophisches Tusculum - und, frage ich, wäre diese Persönlichkeit nicht ein würdigerer Anwärter für jenen Professorentitel als der Autor, der mit dieser Auszeichnung ja doch geschmackloserweise nur frivol kokettiert?

Nur ungern reiße ich mich von diesem Thema vorzeitig los - und dies auch nur, um, stets mit der Kultur im Auge, abschließend die Frage zu stellen: Wie hält der Autor es wenigstens mit der Musik?

Daß alle auch nur einigermaßen besseren Musiker Österreicher gewesen sind, ist - oder sagte ich das schon? - so bekannt, daß man es taktvollerweise am besten gar nicht erst diskutiert. Ich sage nur: Haydn, Mozart, Schubert. Die Geschmacksverirrung, anderswo geboren zu sein, brachte Beethoven alsbald in Ordnung, indem er nach Wien zog. Was zog es an Musikalischem nicht alles nach Wien! Genug - aus Taktgefühl. Und daß all das nicht zeitgebunden war, sondern immer weiter in Österreich grassierte - dafür werfe ich nur die Namen Bruckner, Mahler und Schönberg hin.

Kurzum, nichts über Österreich und die Musik. Dabei übersieht man leicht, daß das Österreichische des Phänomens gar nicht bei diesen ja nun tatsächlich, wenn es schon erwähnt werden muß, lückenlos zu uns gehörigen Stars liegt, sondern bei dem anonym-endemischen Charakter unserer musikalischen Kompetenz.

Von einem Gespräch des bei genauerem Hinsehen vermutlich ebenfalls in zarter Jugend österreichisch gewesenen Generals Dayan mit dem durch den Ausspruch »I like Ike« bekanntgewordenen General Eisenhower wird berichtet, dieser habe à l'Américaine sich der Erwähnung nicht zu entbrechen vermocht, er sei im Weltkrieg der General von zehn Millionen Soldaten gewesen - worauf Dayan erwiderte: »Das ist gar nix - ich bin der General von einer Million Generalen!« Weshalb denn ja auch in allen israelischen Kasernen jener Paragraph 17 des Dienstreglements für alle israelischen Mannschaftsgrade angeschlagen steht: »Es ist streng verboten, den Herren Offizieren Ejzes zu geben.«

Das ist bekannt. Minder bekannt ist: Genau hier liegt das Problem des Wiener Musiklebens. Da jeder ein General ist, gibt nicht nur jeder Musiker jedem Musiker Ejzes, also brillante Ratschläge, sondern auch jeder Nichtmusiker. Steig in ein Taxi, sag »bitte zur Oper« - schon sagt der Fahrer: »Zur Oper wollen S'?

Wo die Schwarzkopf seit gestern ein Schnupfen hat? Ich fahr Sie zum Redoutensaal. Da sag ich nur: die della Casa! Daß der Karajan wieder abgsagt hat, wegen dem Krach mit dem Kultusminister, werden S' verschmerzen, wo doch die Rothenberger heut abend singt, die Schwarzkopf hat sich wieder mit ihr versöhnt.«

Musikberatung für Zuagraste

Kurzum, was morgen dann auch in der Zeitung steht. Nicht auf Seite 7 sondern auf Seite 1. Doch sind wir ein politisches Volk. Gleich nach dem letzten Musikskandal kommt auf Seite 2 schon die Politik. Schließlich bringt auch die uns nur wenig unterlegene Schweiz jeden Sonntagabend in den Rundfunknachrichten selbst im Weltuntergangsfalle zunächst das genaue Volksabstimmungsergebnis von Wattenschwyl oder Urz bezüglich jenes Extrazuschusses oder Nichtzuschusses von 16 348 Franken für die Kommunale Müllverwertung - 413 dafür, 332 dagegen und 4 Enthaltungen - und dann erst die letzten Nachrichten von der Sintflut. Es setzt die Relevanz des Weltgeschehens in die richtige Proportion.

So auch in Österreich. Das dortige politische Leben steht keinem nach. Kaum des wohlverdienten Staatsvertrages teilhaftig geworden, 1955, kaum Christlichsoziale Volkspartei und Sozialdemokraten zu einer Koalitionsregierung vereinigt, begann neben dem Heiligen Fremdenverkehr jener andere österreichische Schutzheilige zu grassieren: St. Proporz. Vom Bundespräsidenten bis zum Ministerialportier - alle Ämteraufteilung erfolgte von da an proportionaliter. Und auch als 1967 diese Koalition in die Brüche ging - St. Proporz lebte weiter, wie man das von einem Schutzheiligen erwarten kann.

Es ist unser österreichisches Wunder. Ah, der St. Proporz! Er ist der Träger des großen Geheimnisses von Leben und Lebenlassen - alles nach einer heiteren Verhältniszahl. Nichts mehr von dem alten »Chaos gemildert durch Schlamperei« - nein, Proporz, Proporz. Zehn Kriegsverbrecher, zehn des Bombenwerfens in Südtirol Beschuldigte: nur neunzig Prozent werden freigesprochen - sichere zehn Prozent sind der Verurteilung zu zwei Jahren oder sagen wir wenigstens drei Monaten beinahe gewiß. Oder jener Ober im Café Bazar in Salzburg (doch war das noch zur Besatzungszeit): für sechs Deutsche Mark gab er mir einen Österreichischen Schilling, und als ich sanft protestierte, sagte er: »Weil bitte die Reichsdeutschen gleich über der Grenze uns auch nur eine Mark für sechs österreichische Schillinge geben. Also ist das, bitte, der gerechte Proporz.«

Er hatte recht! Oder Bruno Walter, als er damals auf der Probe den New Yorker Philharmonikern in seinem mühseligen Englisch sagte: »Gentlemen, you play too exact! Spielen Sie Viennese - den Wiener Ton. Das Geheimnis: Fünfzig Prozent spielen genau zum Takt und die andere Hälfte spielt eine halbe Sekunde ungenau.«

Der Proporz: zur Hälfte eine halbe Sekunde ungenau - das ist Österreich. Ah, meine Damen und Herren - was für ein Land. Diese Stadt Wien - was für eine Weltmetropole. Snack Bar, Espresso und Powidl, ein Hauch von Knoblauch und Karajan, von Paprika und Eroica flutet provinziell mondän in einem Kaiserlüftl darüber hin.
Mögen sie fluten lange Zeit.

»Vollständige Übersicht, derer von dem Ertzhause Österreich theils besessenen, theils durch Heyrath erworbenen, so auch sämbtlich aus anderen Gründen beanspruchten Landschaften«